二手车鉴定与评估图解

刘春晖　张之猛　◎　主编

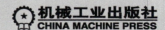

本书详细讲解了有关二手车鉴定与评估的知识，包括静态检查二手车、动态检查二手车、鉴定事故车、鉴定泡水车、鉴定调表车和过火车、评估二手车，以及二手车网络交易7个方面的内容。

本书以彩色图解的形式对二手车鉴定过程中的重点内容、重点关注点进行展示。全书图文并茂，图片清晰直观，文字内容通俗易懂，易学易用，非常适合作为二手车交易工作人员和二手车鉴定评估人员的培训教材，也可作为职业院校汽车类专业的培训教材，还可供学习二手车交易知识的人员用于自学参考。

图书在版编目（CIP）数据

二手车鉴定与评估图解·轻松入门 / 刘春晖，张之猛主编. —北京：机械工业出版社，2021.1（2023.7重印）

ISBN 978-7-111-66896-1

Ⅰ.①二⋯ Ⅱ.①刘⋯ ②张⋯ Ⅲ.①汽车–鉴定 ②汽车–价格评估 Ⅳ.① U472.9 ② F766

中国版本图书馆 CIP 数据核字（2020）第 219757 号

机械工业出版社（北京市百万庄大街22号 邮政编码100037）
策划编辑：连景岩　　责任编辑：连景岩　刘　煊
责任校对：王明欣　　封面设计：张　静
责任印制：刘　媛
涿州市般润文化传播有限公司印刷
2023年7月第1版第3次印刷
184mm×260mm ·13.5 印张·322千字
标准书号：ISBN 978-7-111-66896-1
定价：89.00元

电话服务　　　　　网络服务
客服电话：010-88361066　机 工 官 网：www.cmpbook.com
　　　　　010-88379833　机 工 官 博：weibo.com/cmp1952
　　　　　010-68326294　金 书 网：www.golden-book.com
封底无防伪标均为盗版　机工教育服务网：www.cmpedu.com

FREFACE 前言

2009—2019 年，中国汽车产销量快速增长，2019 年汽车销量接近 2600 万辆。与之相对应，中国汽车保有量持续增长，从 2007 年的 0.57 亿辆达到 2019 年的 2.5 亿辆，中国的汽车产销量已经连续 11 年位居世界首位，并且有望在一两年内超过美国，成为全球汽车保有量最多的国家，其中私家车保有量 1.24 亿辆，汽车驾驶人超过 4.09 亿人。

随着中国汽车市场的进一步发展，新车保有量不断增加，消费者换车需求日渐彰显。据相关资料统计，2019 年二手车全年交易量 1492.28 万辆，同比增长 7.96%，二手车交易量与新车销量差距逐步缩小。二手车市场发展前景广阔，发展潜力巨大。作为二手车交易过程不可缺少的一个环节——二手车的鉴定与评估是实现公平交易的重要保证。

我国的二手车交易市场已有相当规模，但由于二手车交易技术性较强、业务构成复杂、涉及部门较多，从整体上讲二手车交易市场的发展水平和国外相比还有一定差距，正处于启动期向成长期过渡的发展阶段。二手车鉴定评估主要是对拟评估二手车的现时状况进行检测，了解车辆的基本信息及使用情况，掌握、判断车辆是否有过事故，知道哪些地方需要维修保养，了解二手车市场行情，掌握计算车价的方法。这就要求二手车鉴定评估人员既要了解汽车的基本构造及原理，又要掌握各种二手车的鉴定方法，同时，还必须具备一定的市场经济学知识。

本书介绍有关二手车鉴定与评估的相关知识，包括静态检查二手车、动态检查二手车、鉴定事故车、鉴定泡水车、鉴定调表车和过火车、评估二手车以及二手车网络交易 7 个方面的内容。本书以彩色图解的形式对二手车鉴定过程中的重点内容、重点关注点进行展示，即使是汽车知识相对比较匮乏的人也能够读懂、学会，短时间内掌握二手车鉴定与评估的相关知识。

本书由刘春晖、张之猛任主编，参加本书编写工作的还有刘逸宁、高举成、张坤、张洪梅。

在本书编写的过程中，参考了许多发表在网站上的相关文章的内容，以及部分二手车评估公司的培训内容，在此对原作者、编译者表示由衷的感谢。由于编者水平所限，书中难免有错误和不当之处，恳请广大读者批评指正。

二维码清单

名　　称	页码	名　　称	页码
视频 1　二手车排气管尾气的鉴定	14	视频 22　二手车发动机舱盖螺钉的检查	79
视频 2　二手车 A 柱的鉴定	17	视频 23　二手车翼子板螺钉的检查	80
视频 3　二手车 B 柱的鉴定	17	视频 24　二手车车门螺钉的鉴定	81
视频 4　二手车 C 柱的鉴定	18	视频 25　行李舱螺钉的鉴定	81
视频 5　行李舱的鉴定	21	视频 26　车门玻璃鉴定	83
视频 6　发动机舱盖和翼子板之间缝隙的检查	23	视频 27　前风窗玻璃的鉴定	83
视频 7　二手车蓄电池的检查	35	视频 28　行李舱和翼子板缝隙的检查	92
视频 8　二手车空调的检查	37	视频 29　后尾灯的鉴定	93
视频 9　收音机和空调控制面板的检查	39	视频 30　二手车 A 柱的检查	93
视频 10　发动机工作状况的鉴定	45	视频 31　发动机前格栅的检查	95
视频 11　发动机异响及外观的鉴定	45	视频 32　漆面的敲击鉴定	101
视频 12　二手车仪表指示灯的检查	45	视频 33　二手车漆面的鉴定	105
视频 13　二手车悬置胶垫的检查	46	视频 34　二手车发动机舱内各类标识的检查	114
视频 14　制动踏板和加速踏板的检查	53	视频 35　二手车发动机舱盖的检查	114
视频 15　二手车发动机舱的鉴定	68	视频 36　风窗玻璃下挡板的检查	115
视频 16　二手车前照灯的检查	68	视频 37　二手车是否是调表车的检查	118
视频 17　车窗控制按键的检查	73	视频 38　二手车座椅的鉴定	118
视频 18　二手车门轴的检查	73	视频 39　方向盘的鉴定	118
视频 19　二手车方向盘的检查	74	视频 40　二手车雾灯的检查	126
视频 20　二手车变速杆的检查	74	视频 41　二手车安全带的鉴定	131
视频 21　路试检查	75	视频 42　二手车调表的鉴定	142

CONTENTS 目录

前言
二维码清单

第一章 教您静态检查二手车 ········· 001

第一节 检查核对证件 ········· 001
一、二手车的法定证件 ········· 001
二、核查车辆的相关证书标志 ········· 008
三、核查车主基本信息 ········· 009
四、二手车各种税费单据 ········· 009

第二节 二手车技术状况的静态检查 ········· 012
一、机动车技术状况变化的原因 ········· 013
二、机动车技术状况变化的检查 ········· 013
三、车身外观检查 ········· 015
四、二手车内饰的检查 ········· 020
五、发动机的检查 ········· 023
六、底盘的检查 ········· 030
七、轮胎的检查 ········· 033
八、汽车电器的检查 ········· 035
九、车身检查 ········· 041

第二章 教您动态检查二手车 ········· 044

第一节 二手车动态检查 ········· 044
一、发动机工作状况的检查 ········· 044
二、底盘状况的动态检查 ········· 048
三、二手车制动性能的检查 ········· 055
四、其他方面动态检查 ········· 058

第二节　二手车的拍照 · · · · · · 064
　　一、二手车拍照的技术要求 · · · · · · 064
　　二、二手车拍照的一般要求 · · · · · · 065
　　三、二手车常见拍摄位置 · · · · · · 065

第三节　二手车鉴定实例 · · · · · · 066
　　一、外观检测 · · · · · · 066
　　二、外观漆面检查 · · · · · · 067
　　三、发动机舱检查 · · · · · · 068
　　四、行李舱检查 · · · · · · 071
　　五、内饰检查 · · · · · · 073
　　六、OBD 检测 · · · · · · 075
　　七、路试 · · · · · · 075
　　八、底盘检查 · · · · · · 076
　　九、检测总结 · · · · · · 078

第三章　教您鉴定事故车 · · · · · · 079

第一节　事故车初步鉴定 · · · · · · 079
　　一、事故车五类螺钉鉴别 · · · · · · 079
　　二、事故车鉴定的"五看" · · · · · · 081
　　三、车辆缝隙检查 · · · · · · 087

第二节　事故车前部鉴定 · · · · · · 093
　　一、正面碰撞损伤鉴定评估 · · · · · · 093
　　二、保险杠及吸能装置的情况鉴定 · · · · · · 094
　　三、格栅（前中网）的情况鉴定 · · · · · · 095
　　四、散热器支架的情况鉴定 · · · · · · 095
　　五、发动机舱盖情况鉴定 · · · · · · 096
　　六、前翼子板的损伤情况鉴定 · · · · · · 096
　　七、前纵梁的损伤情况的鉴定 · · · · · · 097

第三节　车辆车漆检查 · · · · · · 099
　　一、漆面色差检查 · · · · · · 099
　　二、漆面顺滑性检查 · · · · · · 100
　　三、漆面砂纸打磨痕迹检查 · · · · · · 101
　　四、漆面检查 · · · · · · 101
　　五、漆面桔皮现象检查 · · · · · · 103
　　六、漆面是否原漆的检查 · · · · · · 103
　　七、漆膜厚度的测量 · · · · · · 106
　　八、改色车识别 · · · · · · 110

目　录

第四节　雪铁龙事故车鉴定实例 ·· 113
　　一、前部鉴定 ··· 113
　　二、切割鉴定 ··· 115
　　三、内饰鉴定 ··· 117
　　四、鉴定总结 ··· 119

第四章　教您鉴定泡水车 ·· 120

第一节　泡水车的定性及损坏 ·· 120
　　一、车辆泡水的高度定性 ·· 120
　　二、泡水时间的长短定性 ·· 121
　　三、泡水车的损失评估 ·· 122
　　四、泡水车的损坏形式 ·· 123
　　五、泡水车风险规避 ·· 124

第二节　泡水车的危害及鉴定 ·· 125
　　一、泡水车的危害 ·· 125
　　二、通过灯具鉴别泡水车 ·· 126
　　三、通过行李舱鉴别泡水车 ··· 127
　　四、通过内饰鉴别泡水车 ·· 128
　　五、通过底盘鉴别泡水车 ·· 135
　　六、通过发动机鉴别泡水车 ··· 138
　　七、通过维保记录鉴别泡水车 ··· 139

第五章　教您鉴定调表车和过火车 ·· 142

第一节　教您鉴定调表车 ·· 142
　　一、汽车里程表调校原因 ·· 142
　　二、里程表调校方法 ·· 143
　　三、里程表调校鉴别方法 ·· 145

第二节　教您鉴定过火车 ·· 149
　　一、汽车起火的类型 ·· 149
　　二、火灾车鉴别 ·· 152

第六章　教您评估二手车 ·· 158

第一节　二手车成新率的确定 ·· 158
　　一、二手车评估的基本方法 ··· 158
　　二、成新率的计算方法 ·· 158
　　三、成新率计算方法的选择 ··· 159

VII

第二节　汽车评估重置成本法 …… 169
一、重置成本法的基本要素 …… 169
二、重置成本法应用的理论依据和特点 …… 170
三、重置成本法评估的具体方法 …… 171
四、重置成本法评估实例 …… 173

第三节　汽车评估清算价格法 …… 174
一、清算价格法的前提和影响因素 …… 174
二、确定清算价格的具体方法 …… 175
三、清算价格法的评估实例 …… 175

第四节　汽车评估收益现值法 …… 176
一、收益现值法及影响因素 …… 176
二、应用收益现值法评估的具体方法 …… 177
三、收益现值法评估实例 …… 178

第五节　汽车评估现行市价法 …… 179
一、现行市价法的概念 …… 179
二、现行市价法的应用前提和优缺点 …… 180
三、应用现行市价法评估的步骤 …… 180
四、评估方法及计算公式 …… 181
五、现行市价评估实例 …… 182

第七章　教您二手车网络交易 …… 185

第一节　典型二手车网络交易商家 …… 185
一、瓜子二手车 …… 185
二、优信二手车 …… 187
三、人人车 …… 190
四、二手车之家 …… 191
五、淘车 TAOCHE …… 192
六、其他二手车交易网站 …… 194

第二节　瓜子二手车相关流程 …… 196
一、瓜子二手车的购车及相关准备 …… 196
二、买车流程 …… 197
三、卖车流程 …… 201
四、瓜子金融 …… 203
五、售后保证 …… 204
六、瓜子二手车购车问答 …… 204

第一章　教您静态检查二手车

二手车鉴定评估工作的现场鉴定，对于二手车实际业务的开展十分重要：一方面，检查操作的规范性、科学性，对于获取车辆准确、完整、真实的信息，正确评估车况，提高工作效率产生直接影响；另一方面，规范的操作流程能够建立良好的公众形象，增加客户的信任度，促进业务的达成。从工作内容的角度而言，现场鉴定包括核对证件、静态检查、动态检查、仪器检测和车辆拍照五个环节。

第一节　检查核对证件

核对证件是现场鉴定的第一个环节内容，该任务要求核查待评估车辆证件和税费，确认待评估二手车的来历凭证、机动车登记证书和机动车行驶证等证件是否齐全、有效，并判定是否属于可交易车辆。

一、二手车的法定证件

二手车的法定证件主要有机动车来历证明、机动车行驶证、机动车登记证书、机动车号牌、道路运输证和机动车检验合格标志等。

1. 机动车来历证明

在国内购买机动车的来历证明，可分为新车来历证明和二手车来历证明。在国外购买的机动车，其来历凭证是该车销售单位开具的销售发票及其翻译文本。

（1）新车来历证明　新车来历证明，是指经国家工商行政管理机关验证（加盖工商验证章）的机动车销售发票（即原始购车发票）（图1-1）。通常在购买新车时，可在当地的工商行政管理局机动车市场管理分局办理工商验证手续。

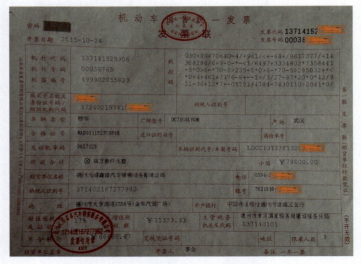

图 1-1　机动车销售发票（即原始购车发票）

（2）二手车来历证明　二手车来历证明，是指经国家工商行政管理机关验证（加盖工商验证章）的二手车交易发票（图 1-2）。二手车交易发票反映了即将交易的车辆曾是一辆已经交易过的合法使用的二手车。

2005 年 10 月，《二手车流通管理办法》颁布施行，全国统一了二手车销售发票，目前国内大部分地区都使用了新版的"二手车销售统一发票"。而在统一发票之前，各地的旧车交易发票样式繁多，这造成了管理上的难度。

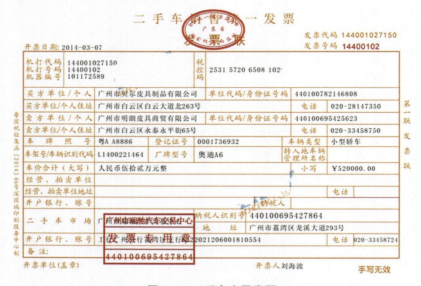

图 1-2　二手车交易发票

（3）其他机动车来历证明
1）在国外购买机动车的来历证明。
2）人民法院调解、裁定或者判决转移的机动车，其来历凭证是人民法院出具的已经生效的《调解书》《裁定书》（图1-3）或者《判决书》以及相应的《协助执行通知书》。

3）仲裁机构仲裁裁决转移的机动车，其来历凭证是《仲裁裁决书》和人民法院出具的《协助执行通知书》。

4）继承、赠予、中奖和协议抵偿债务的机动车，其来历凭证是继承、赠予、中奖和协议抵偿债务的相关文书和公证机关出具的《公证书》（图1-4）。

5）资产重组或者资产整体买卖中包含的机动车，其来历凭证是资产主管部门的批准文件。

6）国家机关统一采购并调拨到下属单位未注册登记的机动车，其来历凭证是全国统一的机动车销售发票和该部门出具的调拨证明。

7）国家机关已注册登记并调拨到下属单位的机动车，其来历凭证是该部门出具的调拨证明。

8）经公安机关破案发还的被盗抢且已向原机动车所有人理赔完毕的机动车，其来历凭证是保险公司出具的"权益转让证明书"。

9）更换发动机、车身、车架的来历凭证，是销售单位开具的发票或者修理单位开具的发票。

通过核查车辆来历证明可以及时发现该车是否合法、是否为涉案车辆。同时，登录公安机关交通管理部门"全国被盗抢汽车查询系统"（图1-5），可以确认车辆是否为非盗抢车。杜绝盗抢车、走私车、拼装车和报废车的非法交易，避免二手车交易市场成为非法车辆销赃的场所，切实维护消费者的合法权益。二手车评估机构应拥有各类机动车来历证明样本，以便评估师进行对比鉴别。

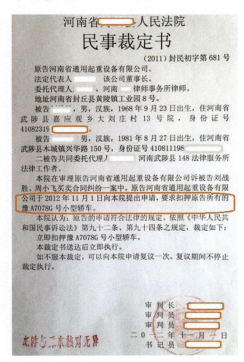

图1-3　人民法院《裁定书》

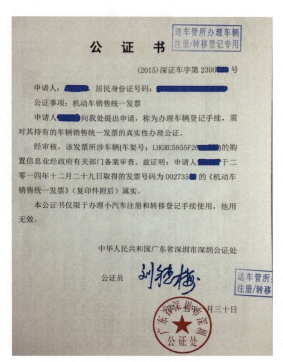

图1-4　公证机关出示的各类公证书

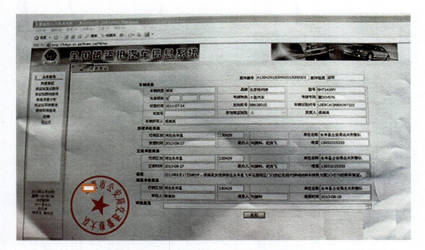

图 1-5 公安机关交通管理部门"全国被盗抢汽车查询系统"界面

2. 机动车行驶证

机动车行驶证是由公安机关交通管理部门依法对车辆进行注册登记核发的证件。它是机动车取得合法行驶权的凭证。《中华人民共和国道路交通安全法》第十一条规定,机动车行驶证是车辆上路行驶必须携带的证件。在二手车鉴定评估的手续检查中,机动车行驶证也是检查二手车合法性的凭证之一。新版的机动车行驶证上标注有机动车的重要信息,如图 1-6 所示。

图 1-6 机动车行驶证

通过查验机动车行驶证上的号牌号码、车辆识别代号、发动机号、车架号与车辆实物是否一致,是否有改动、凿痕、锉痕、重新打刻等情况,车辆颜色与车身装置是否与行驶证一致等项目,可以初步判断二手车是否合法。

国家对行驶证制作也有统一规定。如图 1-7 所示,为了防止伪造行驶证,行驶证塑封套上有用紫外线灯可识别的不规则的与行驶证卡片上图形相同的暗记,并且行驶证上按要求粘贴车辆彩色照片。因此机动车行驶证最好的识伪方法就是查看识伪标记;再则,查看车辆彩照与实物是否相符;最后,将被查行驶证上的印刷字体字号、纸质、印刷质量与车辆管理机关核发的行驶证式样进行比较认定,一般来说,伪造行驶证纸质差,印刷模糊。

第一章　教您静态检查二手车

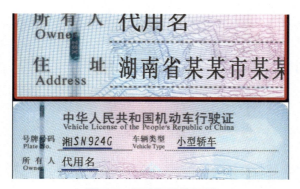

图 1-7　行驶证防伪识别

3. 机动车登记证书

机动车登记证书是由公安机关交通管理部门核发和管理的，是机动车的"户口本"和所有权证明，具有产权证明的性质。机动车登记证书俗称"绿皮本"，其封皮式样如图1-8所示。所有机动车的详细信息及机动车所有人的资料都记载在上面。当证书上所记载的原始信息发生变动时，机动车所有人应当及时到车辆管理所办理变更登记；当机动车所有权转移时，原机动车所有人应当将机动车登记证书做变更登记后随车交给现机动车所有人。因此，机动车登记证书是机动车从"生"到"死"的完整记录。

机动车登记证书（图1-9）是二手车鉴定评估人员必须认真查验的证件。机动车登记证书与机动车行驶证相比内容更详细，一些评估参数必须从机动车登记证书获取，如使用性质、国产/进口等。核查时，首先要对比判断真伪，如发现登记证为伪造的，应报告公安机关。其次要确认登记证上记录的有关车辆的信息与被评估车辆完全一致。若不一致，则要求车主解决此事，并提示车主此车不能进行交易。另外，还要核查登记证上的车主信息。

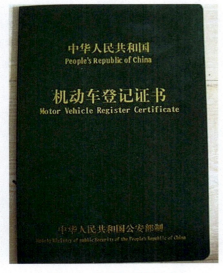

图 1-8　机动车登记证书　　　　　　图 1-9　机动车登记证书包含信息

2002年之前购买的汽车大部分都没有登记证书,在车辆交易的时候需要先到车辆管理部门补办。补办登记证书时需携带机动车所有人的身份证明和交验车辆,按相关要求补办。

4. 机动车号牌的核查

机动车号牌是由公安局车辆管理机关依法对机动车进行注册登记核发的号牌。它和机动车行驶证一同核发,其号码与行驶证一致。它是机动车取得合法行驶权的标志。

机动车号牌是机动车取得合法行驶权的标志。《中华人民共和国道路交通安全法》中第十一条规定,机动车号牌应当按照规定悬挂并保持清晰、完整,不得故意遮挡、污损。目前,我国规定机动车号牌必须按《中华人民共和国机动车号牌》(GA36—2018)标准制作。

机动车号牌真假的判别可采用"望、摸、问、查"4种方法。

1)"望"是观察车牌外形,从形、色、定的角度进行基本判断。如图1-10所示,正规的车牌经过高科技处理,并采用一次成型技术,视觉感受很好。而伪造"套牌"在正常阳光下存在偏红或偏黄的色差,字体较窄等现象。

2)"摸"是用手触摸车牌,尤其是看周边棱角处是否光滑,这是判断一辆车是否存在"套牌"的重要标志。由于并非一次性成型,"套牌"上的字体边缘会有棱角,即使打磨过也难以掩盖痕迹。拆下车牌,其背面会有敲打过的痕迹。

3)"问"是判断是否"套牌"的重要方法。目前二手车市场上一些"黄牛"经常把二手车的车牌卖掉,从中牟取暴利。遇上这种情况,购车人只要提出能否过户,"黄牛党"一般会承诺"包车检",这就意味着可能用了假号牌。

4)"查"是最有效的方法。记下车牌号码后,到车辆管理部门上网查询车辆登记档案。挪用牌照的"套牌"车有的是套用不同车型牌照,有的是套用同种车型牌照,有的还涂改车架号和相关标志。

通过车牌可以大致判断二手车的情况,首先要看车牌是否干净。这主要是看原车主是否在意车辆,是否经常跑长途。不过许多经营户已将车身里里外外清洗、打扫过了,多半会很干净。其次再看车牌表面是否平整,有没有明显的撞伤和划痕(图1-11)。因为车牌就是一块金属薄板,如果车辆受到过撞击或追尾,车牌是不容易修复的,最多就是压平敲回来。所以,要是看到一辆车身十分平整、干净的车,挂了一个脏兮兮折皱不堪的车牌,鉴定人员必须要注意。

图1-10 机动车号牌真假的对比

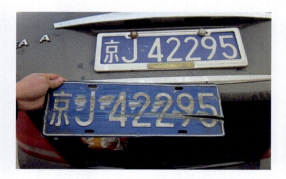

图1-11 交通事故造成损坏的车牌

机动车号牌，除临时行驶车的机动车号牌为纸质外，其余均为铝质反光材质。机动车号牌上字的尺寸大小也都有明确的规定。机动车号牌在安装方面设有固封装置，并规定该装置由发牌机关统一负责装、换，任何单位和个人都无权拆卸，并作为车辆检验的一项内容。

套牌车小知识

套牌车俗称克隆车（图1-12）。这种车是参照真牌车的型号和颜色，将号码相同的假牌套在同样型号和颜色的车上，其中有很多是报废后偷运出来的旧车翻新的。使用伪造、变造的机动车号牌、使用其他车辆的机动车号牌、使用欺骗、贿赂手段取得机动车号牌的机动车均可以称为套牌车。

套牌车被国家严格禁止。《中华人民共和国交通法》中有明确规定，不允许套牌车辆的流动。

根据《道路交通安全法》第九十六条规定：

伪造、变造或者使用伪造、变造的机动车登记证书、号牌、行驶证、驾驶证的，由公安机关交通管理部门予以收缴，扣留该机动车，处十五日以下拘留，并处二千元以上五千元以下罚款；构成犯罪的，依法追究刑事责任。

伪造、变造或者使用伪造、变造的检验合格标志、保险标志的，由公安机关交通管理部门予以收缴，扣留该机动车，处十日以下拘留，并处一千元以上三千元以下罚款；构成犯罪的，依法追究刑事责任。

使用其他车辆的机动车登记证书、号牌、行驶证、检验合格标志、保险标志的，由公安机关交通管理部门予以收缴，扣留该机动车，处二千元以上五千元以下罚款。当事人提供相应的合法证明或者补办相应手续的，应当及时退还机动车。

图1-12　套牌车

二、核查车辆的相关证书标志

1. 道路运输证

如图1-13所示,道路运输证是县级以上人民政府交通主管部门设置的道路运输管理机构对从事旅客运输(包括城市出租客运)、货物运输的单位和个人核发的随车携带证件。营运车辆转籍过户时,应到运管机构及相关部门办理营运过户有关手续。道路运输证只有运营车辆才有,非运营车辆没有此证。运营车辆必须有道路运输证。运输证上记录的信息应与被评估车辆一致。

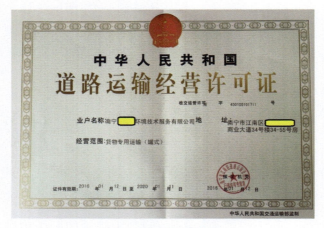

图1-13 道路运输证

2. 机动车安全技术检验合格标志

机动车必须进行安全技术检验,检验合格后,公安机关发放合格标志。根据《中华人民共和国道路交通安全法实施条例》第十三条的规定,机动车检验合格标志(图1-14)应贴在机动车前风窗玻璃右上角。

图1-14 机动车安全技术检验合格标志

3. 营运车辆综合性能检测合格标志

凡在我国境内从事客、货运输的车辆，每年必须经汽车综合性能检测站检测，检测合格后由道路运输管理部门核发"综合性能检测合格"标志，并要求粘贴于前风窗玻璃右上角。

4. 机动车环保检验合格标志

机动车必须进行环保技术检验，检验合格后，由环保部门核发合格标志，并粘贴在机动车前风窗玻璃右上角。汽车环保标志是国家发放的机动车排放标准的分级标志，有黄色和绿色（图1-15）两大类，按照车型和排放标准进行审核，然后发放，是为了进行节能减排检查和汽车定期环保检查的需要。

根据相关通知，环保部门不再核发机动车环保检验合格标志，自2017年1月1日起国内将不再核发机动车环保标志（图1-15），"黄绿标"不再使用。

图1-15　不再核发机动车环保标志

三、核查车主基本信息

按照机动车行驶证登记信息及委托人的身份证，核查车主下面基本信息，包括以下两点：

1）了解机动车行驶证登记所有人与委托人的身份证是否一致，判断委托者是否是原车主，因为只有原车主才有车辆处置权，否则，是没有车辆处置权的。

2）对于单位车辆，应进一步了解单位名称及隶属关系，核查组织机构代码证和经办人身份证复印件（必须在有效期内）。

四、二手车各种税费单据

根据《二手车流通管理办法》规定，二手车交易必须提供车辆购置税、车船税和机动车保险费等税费缴付凭证。

1. 车辆购置税

（1）车辆购置税的计算　车辆购置税（图1-16）是由车辆购置附加费演变而来的，由国家税务局征收,由交通部门按照国家有关规定统一安排使用。此税种目的是解决发展公路运输事业与国家财力紧张的突出矛盾,筹集交通基础建设资金。车辆购置税的征收标准,按车辆计税价的10%计征,由车辆登记注册地的主管税务机关征收,它是购买车辆后支出的最大一项费用,即

$$车辆购置税应纳税额 = 计税价格 \times 10\%$$

图1-16 车辆购置税完税证明

计税价格按照下列情况确定:纳税人购买自用应税车辆的计税价格,为纳税人购买应税车辆而支付给销售商的全部价款和价外费用,不包括增值税税款。也就是说按取得的"机动车销售统一发票"上开具的价费合计金额除以(1 + 13%)作为计税价格,乘以10%即为应缴纳的车辆购置税。

如果消费者买的是国产汽车,计税价格为支付给经销商的全部价款和价外费用,不包括增值税税款(税率13%)。因为机动车销售专用发票的购车价中均含增值税税款,所以在计征车辆购置税税额时,必须先将13%的增值税剔除,即车辆购置税计税价格 = 发票价 ÷ 1.13,然后再按10%的税率计征车辆购置税。

比如,消费者购买一辆10万元的国产车,去掉增值税部分后按10%纳税。计算公式是

$$100000 \div 1.13 \times 0.1 = 8849 \text{ 元}$$

如果消费者买的是进口汽车,计税价格的计算公式为:

$$计税价格 = 关税完税价格 + 关税 + 消费税。$$

(2)车辆购置税的征收和免征范围 按照国家规定,车辆购置税的征收和免征范围依照《中华人民共和国车辆购置税法》相关条文执行。

> **知识小贴士**
>
> 车辆购置税是对在境内购置规定车辆的单位和个人征收的一种税,它由车辆购置附加费演变而来。2018年12月29日,第十三届全国人民代表大会常务委员会第七次会议通过《中华人民共和国车辆购置税法》,自2019年7月1日起施行。

2. 车船税

车船税征收依据是 2012 年 1 月 1 日起实施的《中华人民共和国车船税法》。根据规定，凡在中华人民共和国境内，车辆、船舶（以下简称车船）的所有人或者管理人为车船税的纳税人，应当依照规定缴纳车船税。

车船税由各地地方税务局征收，客车按座位数分类计征，载货汽车按净吨位计征。图 1-17 为广西 2018 年车船税的税目税额表的示例。

图 1-17　广西 2018 年车船税的税目税额表示例

> **知识小贴士**
>
> 所谓车船税，是指在中华人民共和国境内的车辆、船舶的所有人或者管理人按照中华人民共和国车船税法应缴纳的一种税。
>
> 从 2007 年 7 月 1 日开始，汽车车主需要在投保交强险时缴纳车船税。2018 年 8 月 1 日，财政部、税务总局、工业和信息化部、交通运输部下发《关于节能新能源车船享受车船税优惠政策的通知》，要求对符合标准的新能源车船免征车船税，对符合标准的节能汽车减半征收车船税。

3. 机动车保险费

机动车保险是各种机动车在使用过程中发生事故，造成车辆本身以及第三者人身伤亡和财产损失后的一种经济补偿制度。机动车保险费是机动车所有人向保险公司所交付的与保险责任相适应的费用，它的目的是在机动车发生意外事故时，转嫁风险，使投保人避免发生较大损失。机动车保险实际上是一种运用社会集体的力量，共同建立规避风险基金进行补偿或给付的经济保障。

我国机动车保险险种分为基本险和附加险两大类。基本险又称为主险，是指不需附加在其他险种之下的，可以独立承保的险种，简单地说，能够独立投保的保险险种称为基本险。附加险是相对于基本险而言的,顾名思义是指附加在基本险合同下的附加合同。它不可以单独投保,要购买附加险必须先购买基本险。基本险和附加险又分别有不同险种。基本险包括车辆损失险(简称车损险)、第三者责任险和车辆盗抢险。

4. 客、货运附加费

客、货运附加费是国家本着取之于民、用之于民的原则,向从事客、货营运的单位或个人征收的专项基金。它属于地方建设专项基金,各地征收的名称叫法不一,收取的标准也不尽相同。客运附加费是用于公路汽车客运站点设施建设的专项基金,货运附加费是用于港航、场站、公路建设和车船技术改造的专项基金。

第二节 二手车技术状况的静态检查

机动车的技术状况是指定量测得的、表征某一时刻汽车的外观和性能的参数值的总和。机动车是由机构、总成组成的,而机构和总成又由零件组成,所以零件是机动车的基本组成单元。零件性能下降后,机动车的技术状况将受到影响,因此机动车技术状况的变化取决于组成零件的综合性能。

随着汽车行驶里程的增加,汽车的技术状况将逐渐变坏,致使汽车的动力性下降、经济性变坏、使用方便性下降、行驶安全性和使用可靠性变差,直至最后达到使用极限。

静态检查是指在二手车静态状态下,检查人员凭借技能和经验,辅以简单的工具/量具,对二手车技术状况进行检查。二手车技术状况的静态检查内容如图 1-18 所示。

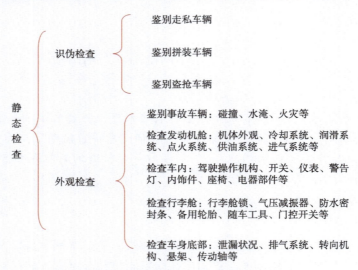

图 1-18 二手车技术状况的静态检查内容

静态检查的目的是快速、全面地了解二手车的大概技术状况。通过全面检查,发现一些较大的缺陷,如严重碰撞、车身或车架锈蚀或有结构性损坏、发动机或传动系严重磨损、车厢内部设施不良、损坏维修费用较大等,为价值评估提供依据。

一、机动车技术状况变化的原因

机动车技术状况的变化是机动车诸多内在原因综合作用的结果。主要原因包括：零件之间相互摩擦产生的磨损；零件与有害物质接触而产生的腐蚀；零件在交变载荷作用下产生疲劳；零件在外载、温度和残余内应力作用下发生变形；橡胶及塑料等非金属零件和电器元件因长时间使用而老化；由于偶然事件造成零件损伤等。这些原因使零件原有尺寸和几何形状及表面质量发生改变，破坏了零件原来的配合特性和正确位置关系，从而引起汽车（或总成）技术状况变坏。

磨损是零件的主要损坏形式，磨损现象只发生在零件表面（图1-19），零件磨损速度的快慢既与零件的材料、加工方法有关，又受汽车运用中装载、润滑、车速等条件的影响。

疲劳损坏是由于零件承受超过材料的疲劳极限的循环应力时，而产生的损坏。

腐蚀损坏产生于与腐蚀性物质接触的零件表面。易于产生腐蚀损坏的主要部件有燃料供给系统和冷却系统的管道、车身、车架以及导线（图1-20）等。

图1-19　零件表面的磨损

图1-20　导线腐蚀

零件在制造和加工过程中产生的残余内应力和零件受热不匀而产生的热应力足够大时，会导致零件变形或加剧变形过程。

老化是由于零件材料在物理、化学和温度变化的影响下，而逐渐变质或损坏的故障形式。

因机动车零件和运行材料性能的变化，而使机动车技术状况逐渐变坏的现象，不仅发生于机动车使用过程中，也发生于车辆储存过程中。例如，橡胶、塑料等非金属零件因老化而失去弹性，强度会下降等。

二、机动车技术状况变化的检查

机动车在使用过程中，随着行驶里程的增长，各部机件将会由于磨损量的增大和各种损伤，使得原有的尺寸、几何形状、机械性能、配合关系等遭受破坏，从而使机动车技术状况发生变化，机动车失去正常工作的能力，也即机动车产生了"故障"。

实践证明，无论是汽车发动机还是底盘部分的故障症状，均因其成因不同而不同。我们可以通过人们的耳朵（听）、眼睛（看）、鼻子（嗅）、手（摸）、身（受）等来发现外观征兆，并根据这些外观征兆来断定汽车是否存在故障。

1. 汽车技术性能变坏

（1）动力下降 如活塞、活塞环与气缸壁的磨损量超过限度后，则在进气行程中，气缸内吸力不足，以致进气量减少；并且在压缩行程、做功行程中，出现气缸漏气、爆发压力下降，导致发动机功率下降。

（2）可靠性变差 如制动系的相关机件磨损过度，则会出现汽车的制动性能下降，甚至失去制动功能。

（3）经济性变坏 如发动机燃油供给系的有关机件磨损过度，会造成燃油的雾化不良，燃烧不完全，以致耗油量增加，经济性下降。

2. 排气烟色异常

正常的汽油发动机排出的气体应该是无色的，在严寒的冬季可见白色的水汽；柴油发动机带负荷工作时排出的气体一般是淡灰色的，当负荷较大时，为深灰色。无论是汽油机还是柴油机，如果排气颜色发蓝（图1-21），说明机油窜入燃烧室。若机油油面不高，最常见的是气缸与活塞密封出现问题，即活塞、活塞环因磨损与气缸的间隙过大。无论汽油发动机还是柴油发动机，如果排气管冒黑烟（图1-22），说明混合气过浓，汽油发动机点火时刻过迟等。

视频1
二手车排气管尾气的鉴定

图1-21 排气管冒蓝烟

图1-22 排气管冒黑烟

3. 气味异常

当制动出现拖滞，离合器打滑，摩擦片因摩擦温度过高而烧焦时（图1-23），会散发出焦味；当混合气过浓，部分燃油不能参加燃烧时，会散发出生汽柴油味；电路短路导线烧毁时也有异味。

4. 机件过热

常见的有发动机过热（图1-24）、轮毂过热、后桥过热、变速器过热、离合器过热等，这些是机件运转不正常、润滑不良、散热不好的故障表现。

图1-23　摩擦片烧焦

图1-24　发动机过热时的冷却液温度表显示

5. 外观异常

汽车停放在平坦场地上，如有横向或纵向歪斜等现象，即为外观异常。外观异常多由车架、车身、悬架、轮胎等异常造成，并会导致方向不稳、行驶跑偏、质心转移、轮胎异常磨损等故障。

6. 渗漏现象

渗漏指汽车的燃油（图1-25）、润滑油、制动液（或压缩空气）、防冻液（图1-26）以及其他各种液体、气体（图1-27）的渗漏现象。渗漏容易造成过热、烧损及转向、制动机件失灵等故障。

图1-25　底盘渗漏

图1-26　防冻液渗漏

三、车身外观检查

外观检查是了解二手车整体技术状况和故障情况的重要手段之一。外观检查项目基本上可分为两大类：一类是仅做定性规定的检查项目，可用直观检测，即目测检查（图1-28）；另一类是做定量规定的检查项目，必须采用仪器设备和客观检查方法做定量分析。外观检查项目中，必须在底盘下面进行的项目，最好在设有检测地沟及千斤顶或汽车举升器的工位上进行。

应该注意的是：二手车在进行外观检查前，应进行外部清洗。

图 1-27　驾驶室漏水

图 1-28　二手车外观检查

1. 二手车车辆标志的检查

车辆标志包括车辆的商标、铭牌、发动机型号和出厂编号、底盘型号及出厂编号。车辆的商标、型号标记必须装设在车身前部的外表面上，通常人们一眼就能看出来。车辆铭牌（图 1-29）应置于车辆前部易于观看之处，客车铭牌应置于车内前门的上方。车辆的铭牌应标明厂牌、型号、发动机功率、总质量、载货质量或载客人数、出厂编号、出厂年月日及厂名等。发动机的型号（图 1-30）和出厂编号应打印在发动机气缸体侧平面上，而底盘的型号和出厂编号应打印在金属车架的易见部位。

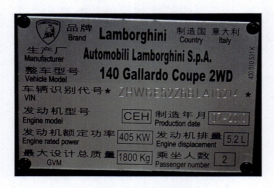
图 1-29　车辆的铭牌信息

图 1-30　宝马 B48 发动机的型号位置
1—发动机编号　2—发动机代码

2. 二手车车门好坏的检查

如图 1-31 所示，观察 A、B 和 C 柱处的车门边缘是否为平直流畅的线条，若无波浪的情形发生，表示此车无大问题。在未打开车门时，可先看车门接缝处是否平整，如果接合的密合度自然平整，表示此车无大毛病，但不能就此断定此车没问题，可以再打开车门来详细查看 A、B、C 柱，也就是观看车门框线条是否规整流畅（图 1-32），如果有类似波浪的情形，表示此车经过钣金修理。

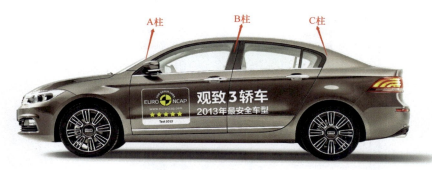

图 1-31　汽车的 A、B 和 C 柱

图 1-32　观看车门框线条是否规整流畅

视频 2
二手车 A 柱的鉴定

车辆的 A、B、C 三柱（图 1-33），就像房屋四周的几个柱子一样，没有它们，车身就支撑不起来。有些二手车是从国外走私或拼装的车辆，一般是把车顶拦腰切下来，去掉顶部，然后到另一地方后又将顶部焊接起来。通过这种方法，可以将整车变成零部件而逃避整车税。但是，事后焊接的车辆，在 A、B、C 三柱的根部，一定会留下焊接及刮灰的痕迹，只要仔细观察，就会发现。

将车门框密封条揭开，观察门框周边线条是否流畅、平整（图 1-34），车门附近是否留有原车焊接时的焊点痕迹，如果留有痕迹则表示此车为原厂车，没有痕迹则表示此车做过油漆修补。来回开关车门，检视车门开启的顺畅度，无杂音或开启时极为顺手，表示此车框架无大问题。

视频 3
二手车 B 柱的鉴定

图 1-33　汽车的 A 柱、B 柱、C 柱（D 柱）

图 1-34　车门框密封条的检查

3. 车顶与车门交合线是否平直的检查

与车身呈 45° 角看车顶与车门交合线，具体方法是站在车前照灯旁，半蹲身子，像木工用眼睛测直线一样，观看车顶与车门交合处两条线和雨槽是不是平直，如图 1-35 所示。如果有扭曲，这辆车一定是被侧撞过的。要注意的是，不要只看一边，对车的两边都要观看。

图 1-35　车顶与车门交合处两条线和雨槽是不是平直

4. 通过看车门观察二手车是否发生事故

视频 4
二手车 C 柱的鉴定

我们知道，车门基本上是一块方形，如图 1-36 所示。如果车门被撞后，钣金师傅是很难将旧门复原的。对于事故车，将车门竖线对正了，上部与车顶的门框横线就会倾斜；反之，将上面的横线对正了，车门与车 B 柱和另一扇门的竖线又会有一定的偏差。这主要是碰撞造成的车门铰链变形的结果。

5. 通过看门框检查车辆是否发生事故

如图 1-37 所示，看车时应扯下镶嵌在门框四周的橡胶密封条，直接查看门框。原装门框的边沿都有分布均匀的凹陷点，形状、大小及各个凹陷点之间的距离都是相同的。这些点是原厂的点焊机器人的杰作，它用两个横截面和 HB 铅笔大小差不多的焊头，分别紧紧夹住两块车身钣金件的外表面，并在瞬间通过几万伏的高压电，强大的电流将接触点处的金属烧得通红后马上断电，两块钣金件在夹具的夹持力和电流的作用下已紧紧地结合在一起。如果门框边沿的分布均匀的凹陷点变得模糊不清，表面不平，有毛刺等现象，说明车门相关部位出过事故。

图 1-36　车门与车 B 柱和另一扇门的竖线　　图 1-37　车门附近是否留有原车焊接时的焊点痕迹

6. 通过内饰判断二手车的状况

很多朋友在挑选二手车时都会很在乎车辆内饰的新旧程度，但就是这样的心理，很可能让商家钻了空子。如图1-38所示，在观察车辆内饰的时候，千万不要以为碰到很新的内饰就是好事，很多二手车商都会对车辆内饰的皮面及饰板进行翻新，这反而会掩盖车辆的真实情况，如果内饰是很自然的褶皱和破损，我们倒觉得更加合理。

如图1-39所示，确保所有座椅安全带数量是否正确、在合适位置并工作可靠。有些人还固执地拒绝使用安全带，可能已经把安全带塞进坐垫里，特别是后排座椅。一定要检查是不是所有安全带都能互相可靠地扣在一起。

图1-38　内饰新不代表车况好

图1-39　检查座椅及安全带的情况

7. 车身金属零部件锈蚀情况的检查

车身金属零部件锈蚀方面主要检查车门（图1-40）、门边（图1-41）、车窗、排水槽、底板、各接缝等处，如锈蚀严重，说明该车使用状况恶劣，使用年限长。注意检查挡泥板、减振器、车灯周围、车门底下和轮舱内是否生锈。

图1-40　检查车门情况

图1-41　门边的检查

8. 二手车行李舱的检查

检查是否有焊接过或浸水的痕迹。光表面上瞟一眼是不够的，应掀开行李舱下的地毯，检视行李舱开口处左右两侧的钣金部分是否有钣金维修过的痕迹（图1-42），备胎坑周围是否有变形（图1-43），或者与后保险杠的接合处有无焊接过的迹象，检查行李舱盖边缘是否修理过，检查后翼子板是否做过钣金加工，查看后翼子板内部有无修理痕迹，这些细节都非常重要。如果有，说明该车发生过交通事故，重新焊接过。

图1-42　行李舱下面未发现碰撞维修痕迹

图1-43　备胎坑边缘有变形

9. 二手车后视镜、下视镜、车窗玻璃的检查

汽车必须在左、右各设置一面后视镜，安装、调节及视野范围应符合规定。车长大于6m的平头客车、平头货车，车前应设置一面下视镜（图1-44），下视镜应完好。车窗玻璃应完好，前风窗玻璃应使用安全玻璃。当检查发现前风窗玻璃没有国家安全玻璃认证标志时，表明该车前风窗玻璃曾经更换过。

图1-44　校车的后视镜和下视镜

四、二手车内饰的检查

1. 座椅检查

驾驶员座椅、乘客座椅安装应牢固可靠。驾驶员座椅、前排乘客座椅的调节功能应该有效。各座椅配备的安全带应齐全、有效。查看座椅的新旧程度，座椅表面应平整、清洁、无破损。座椅松动和严重磨损、凹陷，说明该车常常载人，可推断该车经常行驶在高负荷的工况下。另外就是要检查座椅的弹性，使用一定年限后，弹性会变差，并有塌陷感（图1-45）。

第一章 教您静态检查二手车

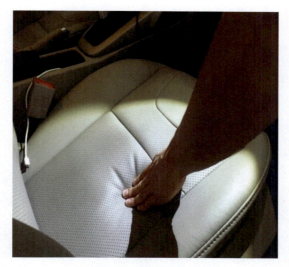

图 1-45　座椅弹性的检查

2. 车顶内篷检查

检查车顶的内篷是否破裂，车辆内部是否污秽发霉。车内如有发霉的味道，表明车子可能有泄漏的情况。

3. 地毡或地板胶的检查

如图 1-46 所示，检查地毡或地板胶是否残旧，从地毯磨痕可推断该车使用频繁程度。揭开地毡或地板胶，查看车厢底板是否有潮湿或生锈的痕迹，是否有焊接的痕迹。打开行李舱底板（图 1-47），查看内部有没有明显的锈迹与泥沙，注意留意一些缝隙和角落，查看行李舱盖板是否洁净干爽。

视频 5
行李舱的鉴定

图 1-46　检查地板胶的情况

图 1-47　行李舱底板检查

4. 汽车行驶记录仪的安装情况检查

查看仪表板是否原装，检查仪表板底部有没有更改线束的痕迹。要求安装汽车行驶记录仪的车辆有无按要求安装（图 1-48），记录仪能否正常工作。

图 1-48　行驶记录仪的布线安装

5. 里程表检查

如图 1-49 所示，已经行驶的里程数是车辆行驶年龄的参照，通常家用车每年合理的行驶里程范围是 1900～24000km。

图 1-49　里程表显示的里程数

6. 踏板的检查

如图 1-50 所示，检查离合器踏板、制动踏板、加速踏板有无弯曲变形及干涉现象。离合器踏板和制动踏板的踏脚胶是否磨损过度，通常一块踏脚胶寿命是 30000km 左右，如果换了新的，则说明此车已行驶 30000km 以上。

图 1-50　离合器踏板、制动踏板、加速踏板磨损检查

五、发动机的检查

1. 发动机舱盖的检查

仔细查看发动机舱盖与翼子板的密合度或缝隙（图 1-51）是否一致（不要有大小不一的情形），发动机舱盖与风窗玻璃之间的间隙是否一致或留有原车的胶漆，如雪铁龙世嘉车常出现风窗玻璃胶条脱落的情况（图 1-52），这些都是检查的重点。如图 1-53 所示，检查发动机舱盖的边缘是否有撞击后修复的伤痕。打开发动机舱盖时，先检查一下其内侧，如果有修补油漆的痕迹，表示这片盖板碰撞过，检查翼子板内衬是否有修补的痕迹（图 1-54）。然后可从发动机上方横梁（散热器安装上横梁）及发动机本体下方的两条纵梁（图 1-55），或内侧副梁等处查看，这些地方如无意外，都应留有圆形点焊的痕迹；若点焊形状大小不一，有可能遭受过撞击而经过钣金修理。另外，防水胶条是否平顺，亦是判断此车有无受伤的依据。

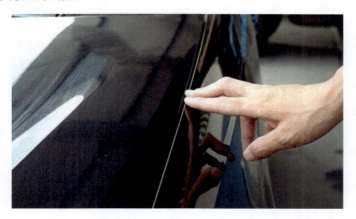

图 1-51　检查侧翼子板与发动机舱盖之间的缝隙

视频 6
发动机舱盖和翼子板之间缝隙的检查

图1-52 世嘉车风窗玻璃胶条脱落

图1-53 发动机舱盖的检查

图1-54 翼子板内衬有修补痕迹

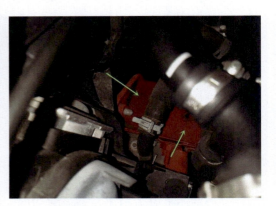
图1-55 汽车纵梁的检查

2. 机油的检查

（1）油面高度检查　一般机油尺上都有高、低油位的显示标记（图1-56），如果机油平面在这两个油位之间，则表示正常，目前某些高档车采用电子机油标尺（图1-57），可以比较直观地显示机油油位。如果油位过低，应了解上次更换机油的时间和间隔里程，通常机油的换油间隔为5000km或3个月，正常的机油消耗是在换油间隔内消耗量小于1L。如果时间和间隔里程正常，说明发动机烧机油；如果机油平面过高，说明发动机严重窜气或漏水。

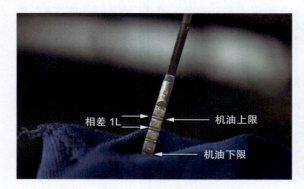
图1-56 机油尺上高、低油位的显示标记

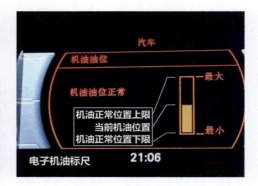
图1-57 电子机油标尺

（2）机油状况的检查 如图1-58所示，机油滤芯负责发动机润滑介质机油的过滤，发动机在运转时会产生一些杂质；这些杂质会进入机油，再被机油滤芯过滤掉。可以说机油滤芯是发动机"血液"的"清道夫"，长时间不更换的后果当然就是磨损加剧，损害发动机！机油滤芯一般可同机油一同更换，更换费用大致在30~80元左右。机油滤芯不能保证过滤所有的杂质，通过如图1-59所示的图片，能清晰地看到凸轮轴凸轮表面的杂质。

图1-58 新旧机滤的对比

图1-59 凸轮表面的杂质

（3）二手车机油颜色的检查 可以拿出一张白纸，拔出机油尺在纸上擦拭，观察机油颜色和杂质的情况。一般在换过机油后，车辆使用一段时间后机油颜色会变黑，这是正常的；而如果机油显现其他颜色都是不正常的现象。如果发现机油的颜色变灰、变白或有乳化现象（图1-60），说明机油中混入水，可能是发动机冷却系统和燃烧系统有连通泄漏情况。

图1-60 发动机油的乳化现象

（4）发动机加机油盖的检查　拧下发动机加机油盖，将它翻过来观察底部，这样可以在加机油盖底部看到旧油甚至脏油的痕迹。如果加机油盖底面有一层黏稠的深色乳状物（图1-61），还有与油污混合的小水滴，这就是不正常的情况了，可能是缸垫、缸盖或缸体有损坏，导致防冻液渗入机油中造成的。如果有这种情况发生，被污染的机油有可能对发动机内部造成损害，发动机可能是需要大修的。

3. 冷却系统的检查

发动机冷却系统结构如图1-62所示，打开发动机舱盖，首先检查散热器部分（图1-63），注意检查的前提是冷车状态，

图1-61　发动机加机油盖上的乳化物

否则很容易被溅出的水烫伤。打开散热器盖后，注意观察冷却液面上是否有其他的异物飘浮，例如锈蚀的粉屑、不明的油污等。如果发现有油污浮起，表示可能有机油渗入到冷却液内；如果发现浮起的异物是锈蚀的粉屑，表示散热器内的锈蚀情况已经很严重。一旦发现有上述情况，都表示该车的发动机状况不是很好，需特别注意。现代汽车发动机常年使用防冻液作为发动机冷却液，如果冷却液损耗严重，首先应了解其原因，并分析二手车可能存在的事故，如发动机温度高、发动机漏水、发动机开锅等；如果冷却液内有油污，一般可认为气缸垫处漏气；如果冷却液混浊，要向车主询问原因，并特别注意发动机温度。

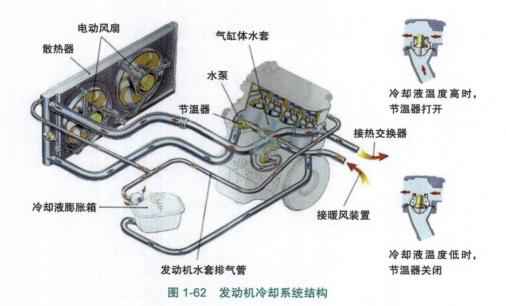

图1-62　发动机冷却系统结构

图 1-63　发动机冷却液的检查

4. 空气滤芯的检查

空气滤芯（图 1-64）主要是为发动机过滤脏空气的，以防止异物进入发动机内。它的更换周期为每 1 万～2 万 km，市场价格在 15～50 元不等，大家购买时一定要擦亮双眼，劣质的空气滤芯有可能会损坏发动机。

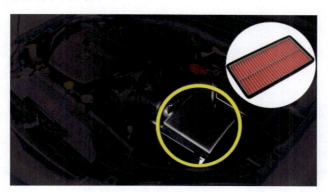

图 1-64　空气滤芯

5. 汽油滤芯及汽油泵的检查

如图 1-65 所示，汽油滤芯的更换周期比较长，日系车普遍是内置的汽油滤芯，所以更耐用，更换周期也比较长。

图 1-65　汽油滤芯及安装位置

汽油泵由于其工作环境的特殊性（油箱内），所以汽油泵使用的是塑料材质。长时间浸泡在汽油中的汽油泵会慢慢老化（图1-66），所以在10万km左右的时候需要对其进行更换（图1-67）。汽油泵是靠油箱内的汽油进行散热的，经常空着油箱跑的驾驶员朋友们要小心你的汽油泵过热烧坏。

图1-66 老化的汽油泵

图1-67 汽油泵的更换

6. 防冻冷却液的检查

一般热车后防冻冷却液的高度在膨胀箱指示线的最高（MAX）和最低（MIN）之间即可。防冻冷却液可以自己加注（图1-68），但是一定要加注与原液相同成分的防冻冷却液。防冻冷却液能够帮助发动机预热、散热，同时还有防锈、防腐的能力。

防冻冷却液有很多颜色，如黄色、粉色、绿色等。不同颜色、不同品牌防冻液的化学性能可能相差悬殊，成分也不同。即便主要成分相同而次要成分不同的也不能混加，乙二醇和丙二醇在高温高压下会反应生成胶质（口香糖中的主要物质）。

如果实在搞不明白可以查看车辆说明书，或者交给更加专业的保养店面进行维护，别因为省个几十块钱把发动机毁了，得不偿失。应该注意的是：更换散热器时需一并更换防冻冷却液。

图1-68 防冻冷却液的加注

7. 二手车排气系统的检查

如图 1-69 所示，观察排气系统上所有吊架，它们是否都在原来位置并且是否像原来部件。大多数现代汽车具有带耐热橡胶环形圈的排气管支承，它连接车架支架与排气管支架。当这些装置在一些消声器商店里更换为通用金属带时，排气系统将承受更大的应力，并造成更多的噪声、热量和振动传递到汽车车身上。

图 1-69　二手车排气系统的检查

8. 火花塞的检查

市面上使用的火花塞因电极材质不同大多分为普通火花塞（使用 4 万～5 万 km）、铂金火花塞（6 万～8 万 km）、铱金火花塞（8 万～10 万 km）。一般原厂火花塞使用 8 万～10 万 km 没什么毛病，一些老车型或直喷车型可能每 4 万 km 左右就需要更换火花塞。后期更换的火花塞每 6 万～8 万 km 也应更换。购买二手车后可根据里程数进行推算，如果实在不清楚可拆下火花塞，观察火花塞电极处是否被积炭包裹。积炭过多的火花塞难以保证放电效果。同时查看火花塞陶瓷绝缘体是否有窜气痕迹（图 1-70 显示的程度就应更换）。

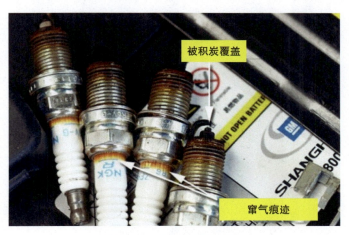

图 1-70　火花塞需要更换

六、底盘的检查

1. 制动液的检查

制动液俗称刹车油,一般每 3~4 年会更换一次,因为它具有一定的吸水性,所以更换周期受湿度影响较大。大多数车用的制动液是 DOT3 规格,更换时遵循原厂要求即可。与防冻冷却液一样,制动液罐上也会有 MAX、MIN 标识。更换制动液相对较为复杂,需配合踩踏制动踏板(也有用泵抽取的),同时拆卸工作量也不低,不建议自行更换(图 1-71)。

图 1-71 制动液添加

2. 转向助力系统的检查

(1)转向助力油的检查 一般情况下不用更换转向助力油(图 1-72),但这并不意味着转向助力油可终身免维护。液压助力转向系统使用一段时间后可能因吸水、油脂老化等而造成油品变质。当转向系统出现异响、转向沉重时,请检查转向助力油是否发黑。长期不更换转向助力油可能出现转向沉重、卡滞的现象。

图 1-72 转向助力油的更换

(2)液压助力转向系统性能检查 如图 1-73 所示,液压助力转向系统应有一定的回正力矩,对大多数人来说不易自行判断,但可自行测试:使汽车以约 3.5km/h 的速度行驶,将方向盘一侧转动 90°,然后放开手 1~2s,如果方向盘能自动回转 70° 以上,说明工作正常，否则应查明故障原因并予以排除。

3. 散热器罩和横梁的检查

仔细检查散热器罩和横梁等是否有拉直或焊接的痕迹，底盘是否严重锈蚀（图1-74）或破损，车身橡胶密封条有否裂损或漏雨，底盘大梁有否曲折或焊接等。检查轮胎磨损程度，可能的话，实际试车，转动方向盘，从而判断该车车轮定位及转向系统和悬架部分中各球头的好坏（图1-75）。另外，通过简单的驾驶还能判断该车离合器及手动变速器或自动变速器的性能。通过目视检查减振器是否漏油；用手由上向下按压车身，判断减振器的好坏；检查驻车制动是否有效。

图 1-73　判断液压助力转向系统性能

图 1-74　底盘部件严重锈蚀

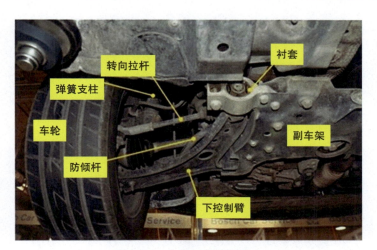

图 1-75　底盘相关部件检查

4. 轮毂的检查

车辆使用中轮毂是非常容易受损的部位。目前市面上大多数的车型均为铝合金轮毂。与轮胎一样，不少车主也会选择二手轮毂进行改装（图1-76），我们并不推荐车主选择翻新轮毂。当然，并不是指翻新轮毂一定就不好，主要是因为翻新轮毂无法确认之前的损伤程度，购买翻新轮毂时，建议车主谨慎行事。

图 1-76　轮毂修复前后对比

翻新轮毂鉴别起来并不容易，但通过以下几点可以挑出绝大部分翻新轮毂：

1）轮毂内外无色差（图 1-77）。
2）轮毂边缘宽度一致（图 1-78）。
3）用手触摸没有毛刺（图 1-79）。
4）原厂标识清晰可见。

图 1-77　翻新轮毂的鉴别 1

图 1-78　翻新轮毂的鉴别 2

图 1-79　翻新轮毂的鉴别 3

七、轮胎的检查

汽车轮胎的检查主要是检查轮胎磨损情况。轮胎在汽车的使用过程中，是仅次于燃料的一项重要运行消耗材料。胎面磨损严重是车辆需要调校的信号，否则很有可能损坏悬架系统。确保备胎是可以使用的，并没有损坏或过度磨损。轮胎的磨损、破裂和割伤无须仪器检测，凭简单的深度尺、钢直尺加外观检测便可。轮胎不应有异常磨损，当轮胎出现非正常磨损时，表明该车的车轮定位参数不准确，或是车辆长期超载运行。

测量轮胎花纹深度时，需要使用轮胎花纹深度尺（图 1-80）。轮胎花纹深度尺有机械式和电子式两种。

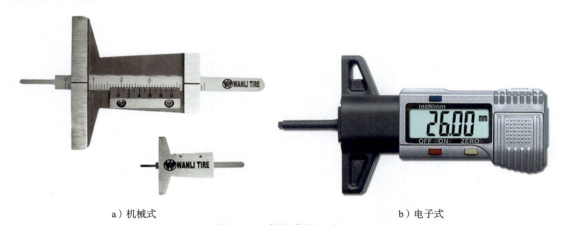

a）机械式　　　　　　　　　　　　　b）电子式

图 1-80　轮胎花纹深度尺

1. 机械式轮胎花纹深度尺测量

机械式轮胎花纹深度尺如图 1-80a 所示。外侧粗一点、固定的标尺，是辅助测量尺；而中间细长可以移动的，就是主测量尺。当主尺的测头与尺身处于同一平面时，辅助尺与主尺的"0"刻度对齐，此时就是深度尺"归零"状态。实际测量时，可将辅助尺"0"刻度所处位置的左侧主尺刻度读为整数；辅助尺的刻度与主尺对齐的那一刻度（或最接近对齐的那一刻度），则作为小数点后读数。例如：辅助尺的"0"刻度位于主尺"18mm"与"21mm"刻度之间，读为18mm。辅助尺的"9"刻度与主尺的某一刻度对齐，则读为0.9mm。主尺读数与辅助尺读数相加为总读数，即18.9mm。如图1-81所示，将主尺的尖端，伸入轮胎胎面的同一横截面几个主花纹沟中，测量花纹沟的深度，得出一组数值，再算出平均数。

进行实际测量时，要注意几个细节：应测量轮胎的主花纹沟；使深度尺垂直于胎面；主尺探头避开花纹沟内的磨损极限标志；如果是新胎，注意尺身避开胎面上突起的胶瓣。

2. 电子式轮胎花纹深度尺测量

电子式轮胎花纹深度尺测量轮胎花纹深度，如图1-82所示。测量时从液晶显示窗上直接读数即可。需要说明一点，现在大多数轮胎设有磨损标记，一般以花纹中布置的凸点为标记，如图1-83所示。检查时，如果发现磨损标记已被磨损，则表明轮胎需要更换。

图1-81 机械式轮胎花纹深度尺测量

图1-82 电子式轮胎花纹深度尺测量

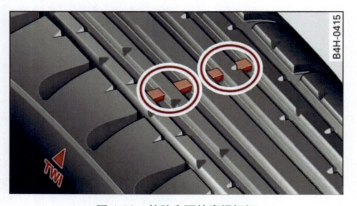

图1-83 轮胎表面的磨损标记

3. 车轮的横向和径向摆动量的检查

车轮横向和径向摆动量规定：总质量小于或等于4.5t的汽车不得大于5mm；摩托车和轻便摩托车不得大于3mm；其他车辆不大于8mm。检测时用举升器或千斤顶等顶起前桥，用百分表测头水平触到轮胎前端胎冠外侧，用手前后摆动轮胎，测其横向摆动量；再将百分表移至轮胎上方，使测头触到胎冠中部，然后用撬杆往上撬动轮胎，测量其径向摆动量。汽车车轮横向和径向摆动量超过规定值时，汽车行驶时将会引起方向盘抖振，因此应及时进行检修和调整。

八、汽车电器的检查

1. 蓄电池状况的检查

蓄电池的使用寿命一般在 3 年左右，有些原厂的蓄电池可以使用 4 年甚至更久。一般在起动效果不好时建议车主提前更换蓄电池，以防患未然。目前，有超过 80% 的免维护蓄电池中都带有电量观察口（图 1-84）。

视频 7
二手车蓄电池的检查

图 1-84　蓄电池电量观察口

如果车主更换的不是免维护蓄电池，也可根据蓄电池的电压来判断是否更换。性能好的蓄电池的空载电压可达到 14.5V 左右（图 1-85），一般家用车蓄电池空载电压在 13V 左右，满载不低于 12V。起动电压不低于 9.5V。当驾驶员扳动钥匙门点火时，听见起动机的转动吱吱声很慢、很闷，有可能就意味着蓄电池该更换了。

图 1-85　万用表测量电池的空载电压

如果车辆的蓄电池出现了图 1-86 所示的蓄电池漏液、氧化物现象，请立即更换蓄电池。这种现象常出现于长时间不起动的车辆上。如果车主打算长时间泊车，出于保护电池的目的，请断开蓄电池负极，并用绝缘胶布妥善包裹。蓄电池因品牌与容量不同，价格差距也较大，一般为 300～1000 元。

检查蓄电池电压是非常必要的。如果发现蓄电池接线柱有绿色的氧化物，需要及时清理，否则蓄电池会一直处于亏电状态。处理方法：用开水浇开，擦干净，涂上专用防护层

图 1-86　蓄电池漏液、氧化物

2. 发电机工作情况的检查

在日常用车过程中，如果蓄电池在着车后存电量持续下降，那很可能是发电机（图 1-87）出现故障了，发电机负责为车辆的蓄电池充电，如果发电机不工作，那意味着蓄电池也会很快没电。这种情况在选购二手车时不是很好查出来，只能等到故障出现后再做诊断。一些二手车商会在每天早起将车着车，为蓄电池充电。如果客户能较早到达市场，或许能避免碰到一些亏电的车。车辆亏电极其复杂，只能一步一步排查，耗时耗力。

图 1-87　汽车上的发电机

3. 空调压缩机的检查

空调压缩机是车辆制冷系统的核心。常出现的问题是开启制冷模式，发动机舱噪声过大，多为尖锐的金属摩擦声；或是空调制冷效果不佳，甚至不制冷。在排除 R134a 制冷剂因素外，应检查空调压缩机（图 1-88）是否出现故障。

第一章　教您静态检查二手车

图 1-88　空调压缩机

视频 8
二手车空调的检查

4. 刮水器和前风窗玻璃洗涤器的检查

打开刮水器和前风窗玻璃洗涤器，观察前风窗玻璃洗涤器能否喷出洗涤液。观察刮水器是否在所有模式下都能正常工作，刮刷是否清洁，刮水器运转是否平稳，刮水器关闭时，刷片应能自动返回初始位置。如图 1-89 所示，一般刮水器有高速、低速两个位置，新型轿车一般还设有间隙位置，当间隙开关打开后，刮水器能以 2~12 次 /s 的速率进行刮擦运动。

图 1-89　汽车刮水器开关的操作

5. 电动车窗工作情况的检查

如图 1-90 所示，按下电动车窗开关，各车窗升降器应能平稳、安静地工作，无卡滞现象，各车窗能正常升起和落下。

图 1-90　电动车窗开关

6. 电动外后视镜工作情况的检查

按下电动外后视镜开关上的 UP（上升）按钮，然后再按 DOWN（下降）按钮，后视镜应先向上移动，再向下移动。按下电动外后视镜开关上的 LEFT（向左）按钮，再按下 RIGHT（向右）按钮，电动后视镜应先向左移动，再向右移动（图 1-91）。

图 1-91　电动后视镜开关

7. 电动门锁的工作情况的检查

如图 1-92 所示，如果汽车有电动门锁，试用一下。确保从外面能打开所有门锁（注意：试的时候不要把钥匙锁在里面！不过目前有些车型如果遥控钥匙落在车上的话，车门是不能锁闭的）。同时，确保操作门锁按钮能使所有车门开锁，再从外面试试。

8. 点烟器工作情况的检查

如图 1-93 所示，按下点烟器，观察点烟器能否正常工作。点烟器不能工作可能说明其他电路有故障（或者只是熔丝烧断）。

图 1-92　汽车电动门锁的检验

图 1-93　点烟器的工作情况

9. 收音机和音响的检查

如图 1-94 所示，用一个盒式录音带和一张 CD 唱盘来检查磁带/CD 音响系统，观察磁带机或 CD 机能否正常工作，音质是否清晰。

图 1-94　汽车音响工作检查

视频 9
收音机和空调控制面板的检查

10. 二手车车灯的检查

二手车很可能涉及车灯改装的问题，往往后期改装的氙灯需要加装单独的安定器（图 1-95），在前照灯总成外还会有一些接线。这样的加装多少会影响一定的电气安全性，建议检查线路是否有老化情况出现。如果线路完好，建议用绝缘胶布将其缠绕（勿缠绕安定器）。

图 1-95　二手车车灯改装

如果客户购买的二手车的前照灯出现图 1-96 所示现象，说明该车拆解过前照灯总成，后期请留意前照灯是否能工作正常。如果封胶溢出严重，或是用胶布缠绕的，那建议您更换前照灯总成。

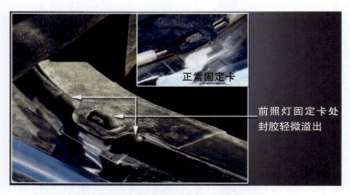

图 1-96　前照灯固定卡处封胶溢出

如图 1-97 所示，原厂前照灯封胶非常坚硬，除非加热到非常高的温度才会软化。后期改装的封胶较软，甚至常温下都是软的，很容易辨别。

图 1-97　前照灯封胶处

车灯进水（图1-98）多为车灯密封件出现问题。轻微进水会扰乱光线，导致照明不足。如果进水程度"足以养鱼"，那就直接将前照灯拆下清理，并送入专用的烘烤箱加温，重新涂装车灯总成密封胶。单只车灯的维护费用在200～400元不等。如果车主的前照灯总成价格与之持平，还不如直接换总成合适。

图1-98　车灯进水

九、车身检查

1. 车身防伪检查

（1）国产车车身防伪检查　对于国产车车型，由于许多汽车制造厂为了防止不法分子造假，对汽车车身实行专营，只对特约维修站供应，一般的汽车修理厂是购不到汽车车身的，并且正厂的汽车车身比仿制的汽车车身价格要贵得多。一些修理厂的"高手"采用将原车上的车架号割下（图1-99），再焊在假车身上的方法，试图混过汽车检验关。二手车评估鉴定人员只要通过仔细地观察和触摸，就能发现造假者留下的痕迹，识别假汽车车身。

图1-99　改动车架号

（2）进口车车身防伪检查　对于进口车车型，进口汽车的车身如果要进口，它的手续同进口一辆汽车的手续一样。对于老旧车型，一些进口汽车配件供应商采用将报废车的车身部件拆下后翻新（图1-100），再卖给汽车修理厂，从中牟取暴利。汽车修理厂同样采用上述办法制假。对此，二手车鉴定估价人员必须高度重视和警惕，识别假汽车车身。

图1-100　进口车拆车件

2. "水货"汽车的鉴别

所谓"水货"汽车，是指那些通过走私或非合法渠道进口的汽车。这些汽车有的是整车走私，有的是散件走私境内组装，有的甚至是旧车拼装。

进口正品汽车，即习惯上所称的大贸进口的汽车，是指通过正常的贸易渠道进口的汽车。此类车的前风窗玻璃上有原装进口汽车标志（图1-101），符合我国的产品质量相关法律。进口正品汽车都附有中文使用手册和维修手册，有的还有零部件目录，而"水货"汽车则没有。

图1-101　原装进口汽车标志

3. "水货"汽车的检查

对于"水货"汽车还可以从以下几个方面进行识别。

1）查勘汽车型号，看其是否在我国进口汽车产品目录上。多年从事评估工作的业内人士，对大多数汽车从外观上就能看出，是否是我国进口汽车产品目录上的车型。

2）看外观是否有重新做过油漆的痕迹，尤其是风窗玻璃下框处要特别注意，因为有一种最常见的走私车就是所谓的"割顶"车（图1-102）。走私者在境外将轿车的车顶从风窗玻璃下框处切开，将汽车切成两部分，分别作为汽车配件走私或进口，然后在境内再将两部分焊接起来,通过这种方法来达到走私整车的目的。

特别要注意车身曲线部分的线条是否流畅,大面是否平整。在现有的技术条件下,"割顶"车要想做得天衣无缝还不可能,一般用肉眼仔细观察,用手从车顶部向下触摸,还是能够发现走私者留下的痕迹的。

图 1-102　"割顶"车

3)如图 1-103 所示,打开发动机舱盖,观察发动机舱内线路、管路布置是否有条理,是否有重新装配和改装的痕迹。

图 1-103　检查发动机舱是否有重新装配和改装的痕迹

4)我国现有"水货"车中日本车较多,右驾改左驾的较多,自动变速器的多。

第二章　教您动态检查二手车

第一节　二手车动态检查

二手车动态检查是指汽车在工作状态下进行的各项检查，又称为车辆路试检查。动态检查主要目的是，在一定条件下，通过对汽车各种工况，如发动机起动、怠速、起步、加速、匀速、滑行、强制减速、紧急制动、从低速档到高速档、从高速档到低速档的行驶，检查汽车的操纵性能、制动性能、滑行性能、加速性能、噪声和废气排放情况，以鉴定二手车的技术状况。

一、发动机工作状况的检查

1. 发动机起动状况的检查

在正常情况下，用起动机起动发动机时，需在 3 次内起动成功。起动时，每次时间不超过 5s，再次起动时间要间隔 15s 以上。如果发动机不能正常起动，说明发动机的起动性能不好。若由于发动机曲轴不能转动而导致发动机无法起动，其原因可能是蓄电池电量不足或起动机工作不良，也可能是发动机运转阻力过大。检查发动机起动阻力时，需拆下全部火花塞或喷油器，人工转动曲轴，检查转动阻力。

若起动时曲轴能正常转动，但发动机起动仍很困难，对于汽油发动机，其原因可能是点火系统点火不正时、火花塞火花弱或无火花；燃油系统工作不良，使得混合气过稀或过浓；气缸压缩压力过低等。对于柴油发动机，除了气缸压缩压力过低外，燃油中有水或空气，输油泵、喷油泵和喷油器工作不良，燃油系统管路堵塞等，均可能导致发动机起动困难。

2. 发动机无负荷时的检查

1）检查发动机怠速运转情况。发动机起动后，使其怠速运转，此时发动机应在规定的怠速范围内平稳地运转，转速波动应小于 50r/min。当发动机怠速时，若出现转速过高、过低和发动机抖动严重等现象,均表明发动机怠速不良,引起发动机怠速不良的原因很多。

对于汽油机,怠速不良的原因主要有点火正时、气门间隙、配气正时和怠速阀调整不当,真空漏气。曲轴箱通风系统(单向阀不密封或卡阻、怠速时不能关闭等)、废气再循环系统、点火系统和供油系统等均可能引起怠速不良。有的汽车怠速不良是顽症,可能生产厂家都无法解决,二手车鉴定评估人员应予以重视。

对于柴油机,怠速不良的原因主要有供油正时、气门间隙、配气正时或怠速调整不当;燃油中有水、空气或黏度不符合要求;各缸的柱塞、出油阀偶件和喷油器工况不一致,或者是调速器松旷、锈蚀和弹簧疲劳失效等因素,导致各缸的喷油量不一样;或者各缸的压缩压力不一致等。当发动机怠速运转时,同时检查各仪表的工作状况和电源系统充电情况。

视频 10
发动机工作状况的鉴定

2)检查急加速性。等到冷却液温度和油温正常后,通过改变节气门开度,检查发动机在各种转速下运转是否平稳,改变转速时过渡应圆滑。快速踩下加速踏板,发动机由怠速状态猛加速,观察发动机转速是否可以迅速由低速到高速灵活反应,发动机应无"回火""放炮"现象。当加速踏板踩到底时,立即释放加速踏板,发动机转速是否能迅速由高速到低速灵活反应,发动机不得怠速熄火。发动机加速运转过程中,检查发动机有无"敲缸"及气门运动噪声。在规定转速下,发动机机油压力应符合有关规定。

视频 11
发动机异响及外观的鉴定

3. 发动机传动带的检查

如图 2-1、图 2-2 所示,发动机传动带出现老化属正常现象,更换后的传动带每 2 万 km 检查一次即可。张紧轮、惰轮出现的问题大多是轴承磨损过度,如着车后听到发动机舱内传出尖锐的吱吱声,有可能意味着该更换张紧轮/惰轮了。

视频 12
二手车仪表指示灯的检查

图 2-1 普通传动带的检查

图 2-2 发动机正时带的检查

如图 2-3 所示的传动带已经出现了比较明显的裂痕,这种情况比较危险。由于传动带的纹路在内侧,所以对于车主来说不太容易检查到,按照适当的里程数更换即可。

图 2-3　出现多处及严重裂痕的传动带

4. 发动机的机脚垫的检查

如图 2-4 所示，发动机的机脚垫也是损耗件，一般是 7 万 km 左右更换一次，机脚垫固定发动机并起到减振缓冲的作用，坏了之后有明显的抖动或者响声。

视频 13
二手车悬置胶垫的检查

图 2-4　发动机机脚垫

5. 发动机水泵和节温器的检查

如图 2-5 所示为发动机冷却系统的结构，水泵（图 2-6）是发动机冷却液循环系统的动力源泉。节温器是控制冷却液流向的阀门。水泵或节温器如果出现问题，发动机将无法正常工作，很可能会出现"烧损缸垫"（冷却液局部热膨胀窜入发动机气缸）等一系列后果，甚至导致发动机报废。这两个部件出现问题多表现为发动机冷却液温度或高或低、不在正常范围内，通过冷却液温度表可轻松看出。

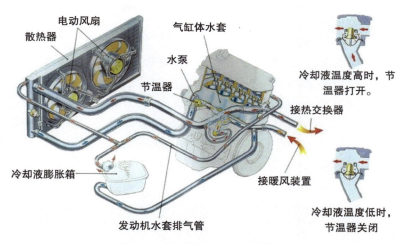

图 2-5 发动机冷却系统的结构

图 2-6 水泵及其安装位置

水泵与节温器通常不易坏,损坏后更换即可。两者皆包括机械式与电子式的类型(图 2-7),机械式的造价低廉,也就几百元。电子式的贵很多。不同发动机差距较大,在此不做比较。

图 2-7 机械式石蜡型节温器和电子节温器

二、底盘状况的动态检查

悬架系统出问题也会直接关联到车辆的行驶安全。悬架一般每2万km应进行检修。轻微变形会导致车辆跑偏或轮胎磨损加重,变形严重的话可能在过坑、过坎时出现断轴等现象。而对于悬架上的检修一定要找专业店解决。

检查二手车各拉杆、支撑臂是否有明显变形或磕碰的痕迹,悬架拉杆或支撑臂出现变形(图2-8)是非常可怕的,它直接影响车辆的动态安全性。一些较大的痕迹看起来没什么问题,但受损件的强度却要弱很多,甚至在受到二次冲击时导致断轴等现象的发生。所以,出现这样的状况应直接更换相应部件。

图2-8 纵臂变形

1. 二手车转向球头性能的检查

如图2-9所示,检查二手车球头是否有老化现象,老化的球头因磨损加重,轻则发出吱吱声,严重时容易卡死,导致拉杆承受本不应该承受的其他方向的力矩,出现变形等情况。检查球头时主要查看球头橡胶垫是否严重开裂,若老化严重则应及时更换。更换时注意检查球头内的磨损情况。

2. 车辆性能的动态测试

如图2-10所示,我们可以通过驾驶车辆正常驶过减速带来检验车辆悬架系统及内饰是否会出现"松散"的感觉,

图2-9 检查球头、橡胶垫是否老化

以及是否有明显的异响。如果车辆在过减速带时"被颠得稀里哗啦的",那就不要考虑接手了。

3. 二手车变速器油的检查

变速器油的检查大多是通过油尺（图2-11）来进行的，油尺标有最高油位和最低油位刻度，如果油量在这两个刻度之间就是正常的。如果油位过低，则表示应该加油了，但也可能表示这辆车已有漏油的情况产生。检查变速器油（图2-12）最重要的是查看油是否变色。一般来说，变速器油呈现红色，如果发现变成棕色，则表示该车的变速器可能发生了故障。如果闻到焦味，表示变速器磨损情况严重，一旦买回此类车，可能需花一笔不小的大修费用。

图 2-10 劳斯莱斯通过减速带测试车辆的性能

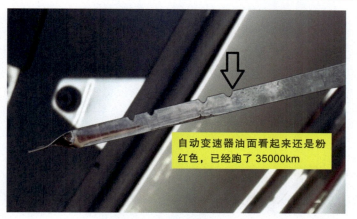

图 2-11 自动变速器油尺

图 2-12 变速器油的检查

如图 2-13 所示，我们可以在车辆怠速状态下踩住制动踏板挂档，从 P 档挂到 R 档，再从 R 档挂入 D 档，以此类推，看变速器在切换过程中是否存在"蹿档"的现象。如果在档位间切换时发现车辆出现了明显的振动，说明这辆车的变速器可能存在问题，或者变速器油很久没换了。

图 2-13 测试变速器的性能

4. 二手车的底盘剐蹭及扭曲变形的检查

底盘是非常容易受伤的部位，一般托底造成的轻微剐蹭不必担心，但如果将底盘部件挤压变形那就要进行修复了。图 2-14 中所示为脚踏板支撑件的对比图，可以非常清晰地看出托底造成的支撑件变形。变形的支撑件难以为脚踏板提供有效、可靠的支撑。

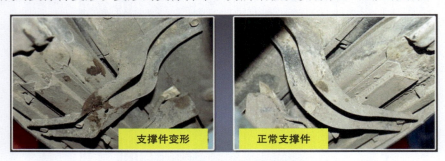

图 2-14 支撑件变形和正常情况的对比

一般托底造成的损伤还是很容易看出来的。单个部件损伤变形可以直接更换，如果底盘发生扭曲变形（图 2-15），就只能大修处理了。

图 2-15 底盘检查互相平行的参考线

5. 差速器与传动轴的检查

对底盘系统中的差速器与传动轴要进行检修、维护。检修时可将差速器内的专用润滑油少量放出，根据润滑油的浑浊程度酌情更换。如达到图 2-16 中润滑油的浑浊程度就应该更换。另外，对传动轴万向节要定期注入润滑脂（图 2-17）。

图 2-16　浑浊的润滑油应进行更换　　　　图 2-17　传动轴万向节要定期注入润滑脂

差速器油，不同的车型有不同的更换周期。同品牌下的车，有的开 8 万 km 都不用更换，而有的开 3 万 km 就已经有不少油泥了（图 2-18）。所以，购买二手车后还是要根据实际车况决定是否换油。

图 2-18　差速器中的油泥

6. 半轴油封、球笼等部位的检查

如图 2-19 所示，一些部件如半轴、差速器等的轻微渗油应引起注意。可在行驶一段时间后再做观察。半轴油封、球笼等部位的更换，一般 10 万 km 之内不会出现过多渗漏。更换润滑油、油封、球笼后每 2 万 km 检查一次即可。单次更换一般可使用 6 万 km 左右。

如果内部的滑轮或半轴本体磨损严重，漏油还不注意维护就容易产生干磨损，那就要对整个半轴进行更换了。如果发现悬架有异响，也有可能是半轴这里产生的。

图 2-19　半轴油封、球笼等处润滑油渗漏

7. 二手车转向系统性能的检查

1）方向盘自由行程检查。如图 2-20 所示，将车辆停放在平坦路面上，使车辆处于直线行驶方向，左右转动方向盘，从中间位置向左或向右时，方向盘游动间隙不应该超过 15°。如果是带转向助力的车辆，最好在起动发动机后做检查。如果方向盘的间隙过大，就需要对转向系统各部分间隙进行调整，这是需要到修理厂进行的工作。

2）转向系统传动间隙检查。可以用两手握住方向盘，采用上、下、左、右方向摇动，此时应该没有很松旷感，如果很松旷，就需要调整转向轴承、横拉杆、直拉杆等，看有无松旷或螺母脱落现象。

图 2-20　方向盘自由行程检查

8. 二手车加速踏板的检查

观察加速踏板是否磨损过度，若磨损严重，说明此车行驶里程已很长。踩下加速踏板，试试踏板有无弹性，判断相应部位好坏（图 2-21）。若踩下很轻松，说明节气门拉线松弛，需要检修。若踩下加速踏板较费劲，说明节气门拉线有阻滞、破损，可能需要更换。

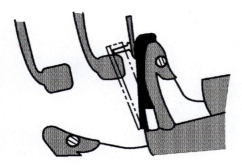 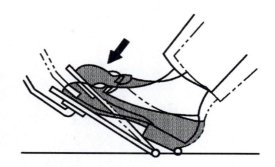

图 2-21　加速踏板的检查

9. 二手车制动踏板的检查

检查制动踏板的踏板胶皮是否磨损过度，通常制动踏板胶皮寿命是 3 万 km 左右，如果换了新的，说明此车已经行驶了 3 万 km 以上。

用手轻压制动踏板，自由行程应在 10～20mm 范围内（图 2-22），否则应调整踏板自由行程；完全踩下制动踏板时，检查制动踏板与地板之间应有一定的距离。踩下液压制动系统的制动踏板时，踏板反应要适当，过软说明制动系统有故障。空气制动系统气路中的工作气压必须符合规定。

视频 14
制动踏板和加速踏板的检查

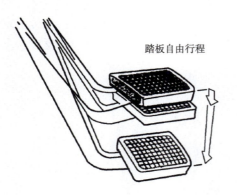 

图 2-22　制动踏板自由行程检查

10. 离合器工作情况的检查

正常的离合器应该是接合平稳，分离彻底，工作时不得有异响、抖动和不正常打滑现象。踏板自由行程应符合机动车技术条件的有关规定。自由行程过小，一般说明离合器摩擦片磨损严重。踏板力应与该型号车辆的踏板力相适应。各种车辆的踏板力应不大于 300N。离合器的工作过程如图 2-23 所示。

离合器常出现的故障为打滑和分离不彻底，有的还有异响。这些故障会导致诸如起步困难、行驶无力、爬坡困难、变速器齿轮发出刺耳的撞击声、起步时车身抖动等现象。

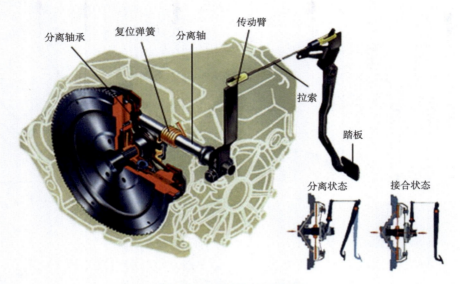

图 2-23 离合器的工作过程

（1）离合器分离不彻底的检查　在发动机怠速状态时，踩下离合器踏板几乎触底时，才能切断离合器；或是踩下离合器踏板，感到挂档困难或变速器齿轮出现刺耳的撞击声；或挂档后不抬离合器踏板，车子开始行进，表明该车的离合器分离不彻底。分离不彻底的原因是：离合器踏板自由行程过大、离合器压盘限位螺钉调整不当，或是更换了过厚的离合器摩擦片、离合器分离杠杆不在同一平面上等。

（2）离合器打滑的检查　如果离合器打滑，会出现起步困难、加速无力、重载上坡时有明显打滑甚至发出难闻气味等现象。比如在挂上 1 档后，慢抬离合器车子没反应，发动机也不熄火，就是离合器打滑的表现。打滑的原因是：离合器踏板自由行程太小、分离轴承经常压在膜片弹簧上，使压盘总处于半分离状态；离合器压盘弹簧过软或有折断；离合器与飞轮连接的螺钉松动等。

（3）离合器异响的检查　如果在使用离合器过程中出现异响也是不正常的。响声形成原因大部分都是离合器内部的零件有损坏，这肯定需要进修理厂了。异响的故障原因是：分离轴承磨损严重、轴承回位弹簧过软或折断、膜片弹簧支架有故障等。

（4）离合器自由行程的检查　如图 2-24 所示，当踩下离合器踏板到 3/4 时，离合器就应该彻底分离。检查其行程是否合适，可以用钢直尺在踏板处测量，先测出踏板最高位置高度，再测出踩下踏板到感到有阻力时的高度，两个数值的差就是该车离合器自由

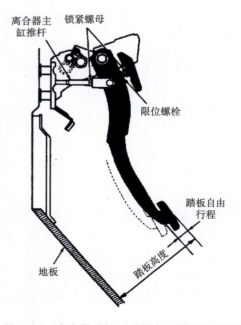

图 2-24 离合器踏板、踏板自由行程及其调整

行程数值，如果不符合要求就需要及时调整。

11. 二手车变速器工作性能的检查

如图 2-25 所示，从起步档加速到高速档，再由高速档减至低速档，检查变速器是否轻便灵活，是否有异响，互锁和自锁装置是否有效，是否有乱档现象，加减车速是否有跳档现象。同时，换档时变速杆不得与其他部件干涉。自动变速器的车辆在平坦的路面起步一般不要踩加速踏板，如果需要踩加速踏板才能起步，说明自动变速器保养不好，或已到保修里程；检查自动变速器是否有换档迟滞现象，自动变速的车辆换档时应该无明显的感觉，如果感觉车辆在加减速时有明显的发"冲"现象，说明自动变速器保养不好，或已到大修里程。

图 2-25　汽车手动换档和自动换档

三、二手车制动性能的检查

1. 制动性能检测的技术要求

GB 7258—2017 规定，汽车制动性能和应急制动性能的路试检测，应在平坦、硬实、清洁、干燥且轮胎与地面间附着系数不小于 0.7 的水泥或沥青路面上进行。检验时，发动机与传动系统分离。汽车在规定初速度下的制动距离和制动稳定性要求应符合的规定，见表 2-1。紧急制动性能要求应符合的规定，见表 2-2。

表 2-1　制动距离和制动稳定性要求

汽车类型	制动初速度 /（km/h）	满载检验制动距离 /m	空载检验制动距离 /m	试验通道宽度 /m
三轮汽车	20	≤ 5.0		2.5
乘用车	50	≤ 20.0	≤ 19.0	2.5
总质量不大于 3500kg 的低速汽车	30	≤ 9.0	≤ 8.0	2.5

（续）

汽车类型	制动初速度 /（km/h）	满载检验制动距离 /m	空载检验制动距离 /m	试验通道宽度 /m
其他质量不大于 3500kg 的低速汽车	50	≤ 22.0	≤ 21.0	2.5
其他汽车、汽车列车	30	≤ 10.0	≤ 9.0	3.0
两轮摩托车	30	≤ 7.0	—	—
边三轮摩托车	30	≤ 8.0	—	2.5
正三轮摩托车	30	≤ 7.5	—	2.3
轻便摩托车	20	≤ 4.0	—	—
轮式拖拉机运输机组	20	≤ 6.5	≤ 6.5	3.0
手扶变型运输机	20	≤ 6.5	—	2.3

表 2-2　紧急制动性能要求

汽车类型	制动初速度 /（km/h）	制动距离 /m	充分发出的平均减速度 /（m/s^2）	允许操纵力 /N ≤	
				手操纵	脚操纵
三轮汽车	50	≤ 38.0	≥ 2.9	400	500
乘用车	30	≤ 18.0	≥ 2.5	600	700
其他汽车（三轮汽车除外）	30	≤ 20.0	≥ 2.2	600	700

2. 二手车行车制动性能检查方法

如果制动跑偏（图 2-26），很可能是同一车桥上的两个车轮制动力不等；或者是制动力不能同时作用在两个车轮上所导致的。故障原因可能由于轮胎气压不一致；或是制动鼓（盘）与摩擦片间隙不均匀；或是摩擦片有油污；或是制动蹄片弹簧损坏等，应根据故障原因在修理厂加以维修。

汽车起步后，先做一下点制动，检查是否有制动能力；将车加速至 20km/h 做一次紧急制动，检查制动是否可靠，有无跑偏、甩尾现象；再将车加速至 50km/h，先用点制动的方法检查汽车是否立即减速、是否跑偏，再用紧急制动的方法检查制动距离和跑偏量。

图 2-26　汽车制动跑偏

3. 二手车制动效能的检查

如果在行车时进行制动，减速度很小，制动距离又很长，说明该车的制动效能不佳。其原因可能是摩擦片与制动鼓（盘）的间隙很大；制动踏板自由行程过大；制动油管内有空气；制动主缸或轮缸有故障；或是制动油管漏油等造成的，需要到修理厂维修。

如图 2-27 所示，试车时，发现踏下制动踏板的位置很低，连续踩几脚后，踏板才逐渐升高，但仍感觉比较软，这很可能是制动管路内有空气所导致的；当第一脚踩下踏板制动失灵，再继续踩踏板时制动良好，就说明是踏板自由行程过大，或是摩擦片与制动鼓（盘）的间隙过大。总之，凡是制动效能不佳的车辆，都必须进修理厂，这也必然影响车辆的价值。

图 2-27　汽车制动效能的检查

4. 二手车驻车制动（手刹）性能的检查

如果在坡路上拉紧驻车制动器（手刹）后出现溜车，说明驻车制动器有故障（图 2-28）。故障原因可能是驻车制动器拉杆调整过长；或是摩擦片与制动鼓（盘）间隙过大或有油污；摩擦片磨损严重或打滑；制动鼓（盘）与摩擦片接触不良等造成的。这些故障也是需要在修理厂解决的。目前一些高端车型采用电子驻车制动器（图 2-29）。

施加于驻车制动器操纵装置的力：手操纵时，座位数小于或等于 9 座的载客汽车应不大于 400N，其他车辆应不大于 600N。脚操纵时，座位数小于或等于 9 座的载客汽车应不大于 500N，其他车辆应不大于 700N。

驻车制动控制装置的安装位置应适当，其操纵装置应有足够的储备行程（开关类操作装置除外），一般应在操纵装置全行程的 2/3 以内产生规定的制动效能；驻车制动机构装有自动调节装置时，允许在全行程的 3/4 以内达到规定的制动效能。棘轮式制动操纵装置，应保证在达到规定的驻车制动效能时，操纵杆往复拉动次数不超过 3 次。

图 2-28　传统驻车制动器

图 2-29　电子驻车制动器

四、其他方面动态检查

1. 车身外观检查

使用车辆外观缺陷测量工具与漆面厚度检测仪器，结合目测法对车身外观进行检测。车身外观展开图如图 2-30 所示。

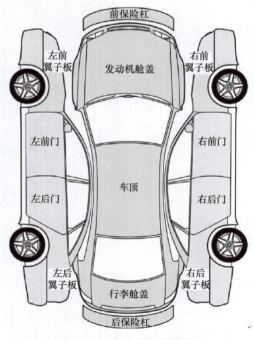

图 2-30　车身外观展开图

2. 二手车急加速性的检查

待冷却液温度、机油温度正常后，通过改变节气门开度，检查发动机在各种转速下运转是否平稳，改变转速时过渡应圆滑。迅速踏下加速踏板，发动机由怠速状态猛加速，观察发动机转速是否能迅速由低速到高速灵活反应（图 2-31），发动机应无"回火""放炮"现象。当加速踏板踩到底时，迅速释放加速踏板，发动机转速是否能迅速由高速到低速灵活反应，发动机不能怠速熄火。发动机加速运转过程中，检查发动机有无"敲缸"和气门运动噪声。在规定转速，发动机机油压力应符合有关规定。

图 2-31　二手车的急加速性

3. 行车中冷却液温度的检查

对于二手车来说，散热器的老化是个要注意的地方。日常驾驶中，也要注意观察仪表盘上冷却液温度表的提示（图 2-32）。很多车友都是没注意冷却液温度表，超出正常范围时仍在开，以至于发动机冷却不佳，出现故障。一般 5 年或是 10 万 km 以上的车型，就要留意发动机正常工作中的冷却液温度情况了。

图 2-32　发动机冷却液温度表的正常范围

4. 二手车动力性的检查

通过道路试验分析汽车动力性能，其结果接近于实际情况。汽车动力性在道路试验中的检测项目一般有高档加速时间、起步加速时间、最高车速、陡坡爬坡车速、长坡爬坡车速等，有时为了评价汽车的拖挂能力，也进行汽车牵引力检测。另外，有时为了分析汽车动力的平衡问题，采用高速滑行试验测定滚动阻力系数和空气阻力系数。道路试验会受到道路条件、风向、风速、驾驶技术等因素的影响,且这些因素可控性差,同时还需要按规定条件选用和建造专门的道路等。

小客车动力性能最常见的指标是从静止状态加速至100km/h所需时间(图2-33)和最高车速,其中前者是最具意义的动力性能指标和国际流行的小客车动力性能指标。

图2-33 0~100km/h加速时间

汽车起步后,加速行驶,猛踩加速踏板,检查汽车的加速性能,各种汽车设计时的加速性能不尽相同。就轿车而言,一般发动机排量越大,加速性能越好。有经验的二手车鉴定估价人员,能够了解各种常见车型的加速性能,通过路试能够检查出被检汽车的加速性能与正常的该型号汽车加速性能的差距。

检查汽车的爬坡性能。检查汽车在相应的坡道上,使用相应的档位时的动力性能是否与经验值相近,感觉是否正常。

检查汽车是否能够达到原设计车速,如果达不到,估计一下差距大小。

5. 二手车动态试验后温度检查

二手车动态试验后检查各部件温度。检查润滑油、冷却液温度,冷却液温度不应超过90℃(图2-34),发动机机油温度不应高于95℃,变速器齿轮油温度不应高于85℃;检查运动机件过热情况,查看轮毂、制动鼓、变速器壳、传动轴、中间轴承、驱动桥壳等的温度,不应有过热现象。

图2-34 发动机冷却液温度显示情况

6. 动态试验后渗漏检查

二手车动态试验后必须检查相关部件的渗漏情况。在发动机运转及停车时，散热器、水泵、缸体、缸盖、暖风装置及所有连接部位不得有明显渗水、漏水（图 2-35）现象。汽车连续行驶距离不小于 10km，停车 5min 后观察，不得有明显渗油、漏油（图 2-36）现象。

图 2-35 发动机舱漏水

图 2-36 汽车漏油

气压制动汽车，在气压升至 600kPa 且不使用制动的情况下，停止空气压缩机 3min 后，气压的降低值不应大于 10kPa。在气压为 600kPa 的情况下，将制动踏板踩到底，待气压稳定后观察 3min，气压的降低值不应大于 20kPa。液压制动二手车，在保持踏板力 700N 达到 1min 后，踏板不允许有缓慢向前移动的现象。

7. 二手车车身抖动的检查

如果购买二手车后发现车辆行驶中方向盘抖动，或是后座乘客感觉车辆尾部抖动，则建议检测四轮胎压（图 2-37）。一般轮胎胎压规定范围标识贴在 B 柱或前门板侧边（图 2-38）。如果胎压没有问题，建议将车轮拆下，在动平衡机上检测，以判别到底是轮胎的问题，还是轮毂的问题。

图 2-37 轮胎胎压检测

图 2-38 轮胎胎压标识

如果车辆在高速行驶中踩踏制动踏板，方向盘抖动或车身抖动，则可能是制动盘磨损不均（图 2-39）造成的（经常轻微制动也可能导致制动盘磨损不均）。轻微情况下可用长距离制动来磨平制动盘，抖动严重的话建议将制动盘拆下磨平，或是更换制动盘。

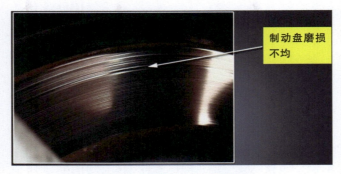

图 2-39　制动盘磨损不均

8. 制动片的检查

虽然制动片磨损较薄后会有异响，或者有些高端车会有报警，不过适时的检查能够让车主远离危险。如图 2-40 所示，一般车辆前轮的制动片更换时间间隙会更短（由于制动车辆重心前移造成的）。制动片更换时应成对更换，即同时更换两前轮或两后轮的。制动片因材质不同，价格差异较大。一般 100~300 元的制动片很常见。

图 2-40　车辆前轮制动片磨损程度更高

如图 2-41 所示，对于制动盘的厚度可根据盘面与盘边缘位置的凹陷来判断，如果已经低于盘边缘 3mm，就说明该制动盘需要更换了。根据不同的车型、不同的制动盘材质，制动盘价格会有较大差异。

图 2-41　制动盘的磨损情况

更换周期较长的制动盘，同样在选购时注意查看制动盘的磨损程度。快速判别方法为制动盘表面的纹理及制动盘厚度。如图 2-42 所示，当用手摸盘面的纹理时，如发现有非常明显的凹凸感，就说明该制动盘应进行磨平或更换处理。

9. 车辆跑偏的检查

如果新购买的二手车辆跑偏，那么应该去做四轮定位（图 2-43）。注意：跑偏不是方向盘歪，这是两个概念。车辆跑偏指的是，在水平道路上将方向盘调节至车辆能够沿直线行驶时松开，车辆行驶方向会自行向一边偏移。单次四轮定位费用在 50~200 元之间，定位完成后需驾驶人亲自试车。如果四轮定

图 2-42　制动盘凹凸不平，磨损严重

位多次调试未果，那就有必要怀疑是否为悬架变形了，如果悬架变形应直接更换悬架。

值得一提的是，四轮定位虽然依照原厂数据（图 2-44）对车辆悬架数据进行"还原"，但仍然需要经验丰富的技师操作。同时对仪器的要求也不低。如果随便在路边找个小修店去做的话调不好不说，还容易将偏移量调得更离谱。行驶一段时间后，很容易造成轮胎单边磨损严重等问题。

四位定位如果不选 4S 店的话，就选规模大的修理厂去做。

图 2-43　四轮定位检测参数的调节

图 2-44　前轮定位数据及四轮定位仪

10. 二手车转向操纵性的检查

在宽敞路段，二手车行驶过程中检查车辆的操纵稳定性。在宽敞的路段，以15km/h的速度行驶，左、右转动方向盘，看转向是否灵活、轻便，有无回正力矩；手松开方向盘，看是否跑偏；高速行驶时，是否有跑偏、摆振现象。一般转向系统的路试检查有以下几项。

1）方向盘沉重检查。在路试二手车时，做几次转弯测试，检查在转动方向盘时是否感到很沉重（图2-45）。如果有，则可能是横拉杆、前车轴、车架有弯曲变形；前轮的定位不准确；轮胎气压不足；转向节轴承缺油。对于有助力的二手车，在行进中如果感到转向沉重就可能是有故障了。其原因有可能是转向油路中有空气；或是转向泵压力不足；或是传动带打滑；或是动力缸、安全阀等漏油导致。

图 2-45　方向盘沉重的检查

2）摆振检查。路试二手车时，发现前轮摆动、方向盘抖动，这种现象称为摆振，可能的原因是转向系统的轴承过松；横拉杆球头磨损松旷；轮毂轴承松旷；车架变形；或者是前束过大了。

3）跑偏检查。如果在路试中，挂空档松开方向盘，出现跑偏问题，有可能是以下原因导致的：悬架系统故障，其中一侧的减振器漏油，或是螺旋弹簧故障；前轮定位不好，或是两边的轴距不准确；还可能是车架受过碰撞事故而变形；或是车轮胎压不等。

4）转向噪声检查。转向时如果动力转向系统出现噪声，很可能是以下故障造成的：油路中有空气；储油罐油面过低；油路堵塞；或是转向泵噪声。

第二节　二手车的拍照

一、二手车拍照的技术要求

车辆拍照是评估人员根据车牌号或评估登记号，使用数字照相机拍摄被评估车辆，并存入系统档案。

1. 拍摄距离

拍摄距离是指拍摄立足点与被拍照二手车的远近，一般要求全车影像尽量充满整个像面。

2. 拍摄角度

拍摄角度是指拍摄立足点与被拍照二手车的方位关系。拍摄角度方位一般分为上下关系和左右关系。

（1）上下关系　拍摄角度的上下关系可分为俯拍、平拍和仰拍三种。俯拍是指在比被拍摄物高的位置向下拍摄；平拍是指拍摄点在物体的中间位置，镜头平置的拍摄，此种拍摄方法效果就是人两眼平视的效果；仰拍是指相机放置在较低部位，镜头由下向上仰置的拍摄，这种拍摄效果易发生变形。

（2）左右关系　拍摄角度的左右关系一般根据拍摄者确定的拍摄方位，分为正面拍摄和侧面拍摄两种。正面拍摄是指面对被拍摄的物体或部位的正面进行拍摄；侧面拍摄是指在被拍摄物体的正侧面所进行的拍摄。

3. 光照方向

光照方向是指光线与相机拍摄方向的关系，一般分为正面光、侧面光和逆光三种。对二手车拍照应尽量采用正面光拍照，以使二手车的轮廓分明、牌照号码清晰、车身颜色真实。

二、二手车拍照的一般要求

1）车身要擦洗干净。
2）前风窗玻璃及仪表盘上无杂物。
3）机动车号牌无遮挡。
4）关闭各车门。
5）方向盘回正，前轮处于直线行驶状态。

三、二手车常见拍摄位置

对二手车拍照一般要拍摄前面、侧面和后面三个方面的整体外形照片及发动机舱、驾驶室、行李舱等局部位置的照片。

（1）整体外形照片　采用平拍，其中，前面照（也称为标准照）是在与车左前侧呈45°方向拍摄，如图 2-46 所示；侧面照是正侧面拍摄，如图 2-47 所示；后面照是在与车右后侧呈45°方向拍摄，如图 2-48 所示。

（2）局部位置照片　采用俯拍，如图 2-49 所示。

图 2-46　二手车标准照

图 2-47　二手车侧面照

图 2-48　二手车后面照

图 2-49　二手车局部照

（3）拍摄注意事项
① 光照方向应采用正面光，尽量避免强烈或昏暗光照，不采用侧面光和逆光。
② 以平拍方式进行，不要采用俯拍或仰拍。
③ 所拍车辆要进行认真准备。
④ 所拍照片要使二手车的轮廓分明、牌照号码清晰和车身颜色真实。

第三节　二手车鉴定实例

一、外观检测

以一辆 2008 年出厂的奥迪 A4 车进行二手车的静态鉴定。如图 2-50 所示，从此车的正面我们不难看出，经过时间的冲刷，车身已经失去原有的光泽，看着有点"哑光漆"的感觉，不过整体看着还比较规整，只是前保险杠有少许色差。绕到后面看也是同样的效果，这就是一辆使用十年的车该有的样子。

图 2-50　前方外观

二、外观漆面检查

外观整体检查完之后，我们仅仅发现了前翼子板有一些剐蹭（图2-51），不过这影响的也仅仅就是美观了。

图 2-51　前翼子板小剐蹭

如图 2-52 所示，技师用漆膜仪测试了全车漆面，并未发现有漆面修复痕迹。这可是一辆使用了十年的车，居然还是原版原漆！对车辆外观漆面进行检测，发现前后保险杠有喷漆修复痕迹，其余检测暂未发现异常存在。

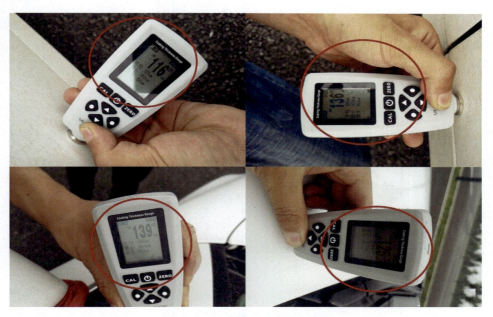

图 2-52　用漆膜仪测试全车漆面

三、发动机舱检查

1. 发动机舱盖和翼子板螺钉检查

外观检测完,接下来的项目就是发动机舱的检测。如图 2-53 所示,打开发动机舱盖第一个要看的就是发动机舱盖的固定螺钉,这辆车显然没拆过,由此可以说明发动机没有大修过,或者是前部未出现较严重的事故。

如图 2-54 所示,翼子板固定螺钉有拆卸痕迹,不过刚才漆面检测的时候并未发现有喷漆痕迹,看来这块翼子板有很大可能是后换的。

视频 15
二手车发动机舱的鉴定

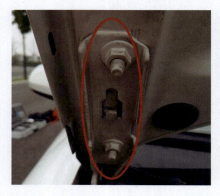

图 2-53 发动机舱盖的固定螺钉的检查

图 2-54 翼子板固定螺钉有拆卸痕迹

2. 前照灯检查

如图 2-55 所示,前照灯的固定螺钉从表面上看并未发现有拆卸痕迹。前照灯的原厂标签(图 2-56)中,销售日期和车子生产时间也能对得上,但是为了保险起见用手试着抠了抠,万一能抠掉,那肯定就是后贴上的,不过这辆车显然不是。

视频 16
二手车前照灯的检查

图 2-55 前照灯固定螺钉未发现有拆卸痕迹

图 2-56 前照灯的原厂标签

检查前中网固定螺钉未发现拧动痕迹(图 2-57),不过这碎了的饰件是个什么情况?想来应该是小剐蹭造成的,既然没有更换,那就证明问题不大,我们继续检查其他部位。

图 2-57 中网饰件有碎裂现象

3. 空调滤芯检查

如图 2-58 所示,拉开塑料盖板,这辆车的空调滤芯明显该换了。另外,我们从这里还能看见空调的鼓风机,它的表面也有较多灰尘。

多久清洗一次空调总成?想必很多人都有不同答案。一般来说,每隔一年做一次完整的汽车空调清洗。如果用车环境比较恶劣,那么这个时间应该缩短。为什么是一年,因为空调滤芯都是有使用寿命的,寿命通常都是一年为主。

图 2-58 空调滤芯安装位置

4. 发动机检查

如图 2-59 所示,气门室盖有明显的渗油痕迹,不过这是一台十一年的老车,我们可以理解,更何况还是一台德系车。如图 2-60 所示,很明显,粉红色的液体是防冻冷却液,经检测,发现泄漏源头为缸盖后部。

图 2-59 气门室盖有渗油痕迹

图 2-60 防冻冷却液有渗漏现象

如图 2-61 所示,从上面往下看又发现变速器位置有大量的油污,看来这个车漏的地方不少啊!检查完这些,接下来就是对全车油液做一个检测。如图 2-62 所示,经检测,发现全车油液需要更换。其实检测到这里我们不难发现,整车除了漏油以外还真没其他的什么问题,不过要想把它买回去,好好整备一番是必不可少的,最起码也要把全车油液先换掉。

通过发动机舱检测未发现车辆前部结构件有事故修复痕迹,外观件里面两侧翼子板有拆装痕迹存在,气门室盖有漏油痕迹存在,在发动机上部发现缸盖后部存在渗漏防冻冷却液痕迹,根据目前情况判断为缸盖后部的三通老化所导致,易损件和全车油液需要客户日后用车过程中始终留意使用寿命,并进行检修保养。

图 2-61 变速器位置有油污

图 2-62 全车油液需要更换

四、行李舱检查

来到行李舱位置，打开之后并未发现有什么异味（图 2-63）。拉开备胎上盖板，备胎和随车工具都在，只不过备胎是下过地的（图 2-64）。取出备胎检查地板，经检测未发现有修复痕迹（图 2-65），如此便可以排除后部发生过重大事故了。

图 2-63 行李舱整洁干净、没有异味

图 2-64 物品齐全,备胎下过地

图 2-65 备胎存放处地板未发现有修复痕迹

行李舱检测未发现车辆后部的结构件存在事故修复痕迹，检查行李舱的随车工具发现车辆缺少三角安全架和灭火器，为了日后行车途中的安全，建议客户后期补齐。

五、内饰检查

1. 车室检查

如图 2-66 所示，打开车门看到略显简单的内饰，方向盘上居然一个按钮都没有。本来是想先看铰链的，但是这黑黑的并且呈坨状的润滑脂着实引起我们关注（图 2-67）。不过脏归脏，此处的螺钉确实是没动过。如图 2-68 所示，门板车窗控制按键，检测过后并未发现异常。车灯开关（图 2-69）的外观和功能也是正常的。如图 2-70 所示，座椅滑轨除了油有点多并未发现其他异常。

视频 17
车窗控制按键的检查

视频 18
二手车门轴的检查

图 2-66　内饰简洁，方向盘没有其他按钮

图 2-67　车门铰链润滑良好

图 2-68　车窗控制按键效果良好

图 2-69　车灯开关工作良好

图 2-70　座椅滑轨性能良好

2. 方向盘及中控各功能检查

现在我们正式坐进车内，来检测一下方向盘（图 2-71）以及中控各功能，原地打方向手感正常未见有异响，但是这个方向盘的磨损着实不小。车辆仪表（图 2-72）显示正常。中控屏幕（图 2-73）明显是后换的，这也是很正常的现象。检测了一下原地换档的手感，还不错，没有明显顿挫和异响。

图 2-71　方向盘外观良好

视频 19
二手车方向盘的检查

视频 20
二手车变速杆的检查

图 2-72　车辆仪表显示正常

图 2-73　中控屏幕、换档良好

六、OBD 检测

如图 2-74 所示,通过故障诊断仪进行 OBD 检测,检测车辆电脑,发现发动机以及车辆电路系统存在故障码,发动机故障码显示为需要清洗节气门。电路系统的故障则是因为车辆存在一定的改装电路,所以导致其数据不稳定而产生。

图 2-74　OBD 的检测的相关信息

七、路试

路试整体检测(图 2-75)下来,最明显的两个问题就是动力相应和异响(内饰的异响),不过想想这是一台十多年的老车也就释然了。其他方面暂时还没发现问题,转向精准,制动良好。路试结束,我们准备找个架子把车举起来检查底盘系统。路试检查结果:车辆经过在市区道路进行路试,未发现车辆存在明显异常存在。

图 2-75　路试检查

视频 21
路试检查

八、底盘检查

如图 2-76 所示,通过查看汽车底盘系统,从后往前看发现变速器大面积渗油。车辆隔热棉(图 2-77)有明显破损,看来此车有过托底,之后又把所有可能出现托底的地方仔细检查了一下,不过幸运的是,除了这个位置还真没发现其他位置有托底痕迹。如图 2-78 所示,油底壳有大量油渍,有明显渗油痕迹。变速器油路渗油明显(图 2-79)。车辆各胶垫均老化严重(图 2-80),必须更换。

图 2-76 变速器大面积渗油

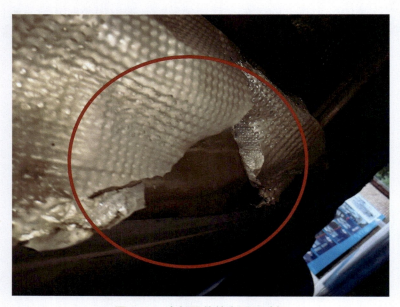

图 2-77 车辆隔热棉有明显破损

图 2-78　油底壳有大量油渍

图 2-79　变速器油路渗油明显

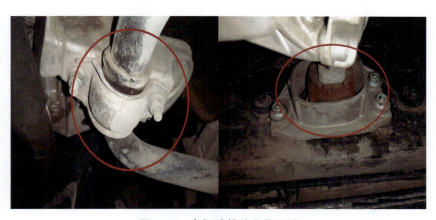

图 2-80　车辆胶垫均老化严重

底盘检测发现车辆底部存在托底痕迹（此情况客户已知晓），在检查发动机、变速器底部的时候，发现车辆底部存在大面积的漏油痕迹。悬架系统检测未发现异常（图2-81）。

图2-81　悬架系统检测未发现异常

九、检测总结

就车况而言，此车保持的还不错，毕竟十多年的车还能保持到几乎原版原漆的状态，说实话，对于这一点挺惊讶的。但是这车也有一些不足，比如说漏油，还有一些易损件老化的问题，尽管这是由于长时间使用造成的，但这确实也是一个问题，毕竟是需要花钱才能解决的。假如你想用很少的钱去买一台奥迪车，它的确是一个不错的选择，但是如果你对奥迪不是特别偏爱，只是想买一个代步车，那么你将会有更多、更好的选择。图2-82为该车的历史价格和未来价格趋势，可以作为参考。

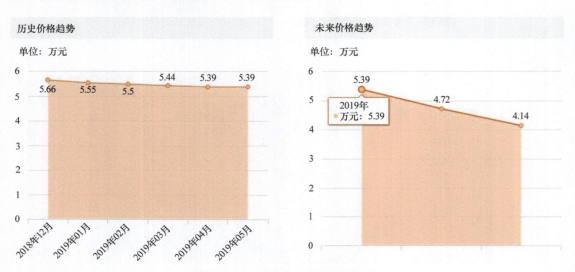

图2-82　历史价格和未来价格趋势

第三章　教您鉴定事故车

第一节　事故车初步鉴定

一、事故车五类螺钉鉴别

1. 发动机舱盖螺钉鉴别

如图 3-1 所示，从车头开始，打开发动机舱盖直奔发动机舱盖螺钉，发动机舱盖的螺钉都是有漆面的。只要发现螺钉漆面破损，那么很可能发动机舱盖被拆装过，这里面肯定有问题！很简单，谁会无缘无故地去拆装或者更换发动机舱盖啊！

一般车辆在使用过程中，只有发生碰撞造成发动机舱盖变形，才需要把发动机舱盖拆下来进行修复，小的刮擦根本不用拆下来，直接喷漆就好了。发动机舱盖发生过拆装，证明受力面大，必须进行钣金修复或者更换发动机舱盖，这时就要注意！

视频 22
二手车发动机舱盖
螺钉的检查

图 3-1　发动机舱盖螺钉检查

2. 散热器框架螺钉鉴别

散热器框架的连接分两种，有焊点连接的，也有螺钉连接的。如果是前者，不用管它，就看散热器框架上的附件螺钉（图3-2）、前照灯之类的，如果螺钉没有动过的痕迹，说明前面问题不大，事故概率很小。需要注意的是，因为前照灯螺钉有时候更换配件也要动，所以它不是重点，这里主要看散热器框架螺钉。

视频23
二手车翼子板螺钉的检查

图3-2　观察散热器框架螺钉的连接情况

3. 发动机基座螺钉鉴别

如图3-3、图3-4所示，发动机基座螺钉是把发动机固定在纵梁上的螺钉，这个部件非常重要，拆装的目的无外乎以下几种。

1）由于事故需要维修纵梁（事故很大，撞到纵梁的车差不多就是整个"前脸"都没有了）。

2）发动机维修或者大修。

3）更换机爪垫。

一般螺钉拧没拧过很好分辨，注意看有无（黑色的）印记。

图3-3　发动机基座螺钉拧动

图3-4　发动机基座螺钉检查

4. 车门螺钉鉴别

如图3-5所示，一般发生小的刮擦，是不需要把车门拆下来修复的，只有发生大的碰撞才必须拆下来或者更换，所以车门螺钉也是判断事故车的一个标准。带漆面的车门螺钉动没动过也很好分辨，一些日系车不带漆面的，就看有无黑色印记。

图 3-5　车门螺钉被拧过

5. 行李舱盖螺钉鉴别

如图 3-6 所示，来到车尾，如果发生追尾事故，碰撞强度大的话很可能对行李舱盖造成损伤，如果到了必须拆下来修复的地步，那这事故肯定小不了。还是那句话——小的刮擦不需要拆装。

通过查看以上 5 个螺钉，可以对是否是事故车有一个基本的判断，按照步骤来，一般这 5 个螺钉都没动过的车，就可以排除是事故车了。

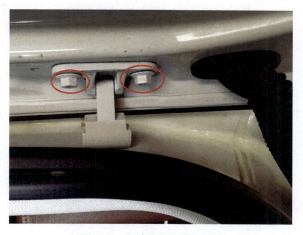

图 3-6　行李舱盖螺钉鉴别

二、事故车鉴定的"五看"

买二手车，看中的不外乎就是便宜，同样的价钱，可以买到更高档的车。虽然很少可能升值，但是尽量少贬值才是明智的选择！这方面事故车就是最大的忌讳！

1. 看前脸

站在车的前部一角望向车尾部，观察车身各接缝，两边发动机舱盖缝隙、前保险杠缝隙等，如出现不直，缝隙大小不一（图 3-7），线条弯曲，装饰条有脱落或新旧不一，说明该车可能出过事故或维修过。再查看两边前照灯、雾灯新旧程度是否一致。再看各个板块间油漆的色差、缝隙、钣金修复痕迹，钣金修复过的会有不平整的地方。

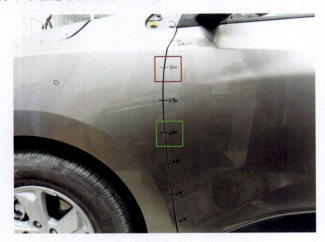

图 3-7　翼子板与车门间的缝隙大小不一

2. 看车尾

如图 3-8 所示，从车的右侧绕到车尾，查看行李舱盖与尾灯和两侧后翼子板之间的缝隙是否均匀，尾灯的新旧程度是否一致，灯位缝隙是否整齐，两侧后翼子板上的焊接点，原厂焊点应略呈圆形及略微凹陷，若是发现焊点呈凸出状，有失圆或大小不一的点焊，焊点粗糙不光滑，排列不规则、不均匀，则表明是重新焊接的痕迹。

图 3-8　各处缝隙的检查

3. 看前后梁

如图 3-9 所示，打开发动机舱盖，查看前梁和转向连接处是否有断裂、焊接的痕迹，如果有，必定是出过重大事故的车辆。如果是小事故，前后梁是不会受损的。后梁检查方法，打开行李舱，在存放备胎的位置，看是否有断裂和焊接的痕迹、明显的移位等，如果有，基本可以肯定是事故车。

第三章 教您鉴定事故车

图 3-9 前梁和防撞板的检查

4. 看玻璃

如图 3-10 所示，车玻璃主要是看出厂日期，玻璃最下面有个"…8"，8 表示年份，就是 2008 年，如果黑点在"8"前，表示上半年生产，计算公式是"7－黑点数"，所以"…8"就应该是 7-3=4，所以这块玻璃应该是 2008 年 4 月份生产的。理论上，玻璃的出厂日期和整车出厂时间不应有很大的出入（半年内属正常范围），如果这个数据跟玻璃上的数据差距 2 年甚至更多，那买家应该再考虑考虑了！

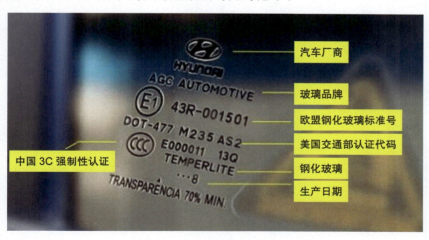

图 3-10 汽车玻璃含义解读

视频 26
车门玻璃鉴定

视频 27
前风窗玻璃的鉴定

知识小贴士

像汽车玻璃这种几乎没有太多人关注的"冷门"配件，真正懂的人很少，通过图 3-11 的相关介绍，相信你对汽车玻璃方面的知识有了更多的了解。

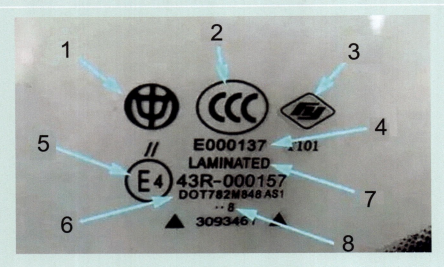

图 3-11　汽车玻璃的安全认证标志

1）汽车的品牌，华晨中华。

2）中国强制 3C 认证。它的英文名称为"China Compulsory Certification"，缩写为 CCC。CCC 认证对涉及的产品执行国家强制的安全认证。

3）汽车玻璃配套厂家的品牌，图 3-11 中为福耀品牌。

4）汽车玻璃生产厂家编码。

5）图 3-11 中的 E 代表着欧盟的标志认证，4 代表荷兰。

6）DOT 及后边的数字则代表美国交通部 DOT 认证代码。

7）LAMINATED 是玻璃的种类，意思是夹层玻璃。如果是 TEMPERED 就代表是钢化玻璃。

8）8 代表着该玻璃的生产日期，8 代表年份，表示是 2008 年生产的，"…"代表的是月份，点在数字前就意味着是上半年，在后就是下半年，几个点就代表着是向前或向后几个月，在前就用"7 减去点数"，在后就用"13 减去点数"，图 3-11 中的"…8"正确的意思是 2008 年 4 月份生产。

学会读取玻璃的生产日期在购买二手车时很重要，正常情况下全车玻璃的生产日期接近，如果每块玻璃的生产日期都不一样，说明该车肯定有问题，"翻过车"都有可能。

中国强制性 CCC 认证标志真伪辨别

CCC 认证的全称为"强制性产品认证制度"，它是中国政府为保护消费者人身安全和国家安全、加强产品质量管理、依照法律法规实施的一种产品合格评定制度。

CCC造假大概有三种情况：厂家产品出厂前根本没有申请安全认证，而是私自非法印制加贴了假标志；一些厂家对加贴CCC标志不重视，进货时把成批的CCC标志转给商家，商家代贴时把不同规格的CCC标志任意混淆；一些特殊型号的插头、插座产品不在强制认证之列，却私自加贴了强制认证的CCC标志。

辨别CCC认证的方法：
① CCC标志为白色底版，黑色图案；
② CCC标志有很强的粘贴性，一揭即毁；
③ CCC标志是激光防伪标签（图3-12）。CCC字样右侧的S、EMC、S&E在荧光下呈暗红色，细看CCC图形还能发现多个菱形的小CCC暗记。

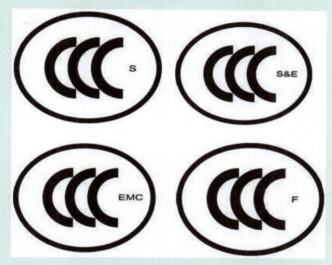

图3-12　四种不同的CCC认证标志

④ 看随机号码，这是CCC标志最不易仿冒的地方。每一枚强制性产品认证标志都有唯一的编码，认证标准发放管理中心在发放强制性产品认证标志时，已将该编码对应的产品输入计算机数据库中，消费者可登录国家认监委网站上的强制性产品认证标志防伪查询系统，对编码进行查询。

自2018年3月20日起，CCC标志不再标注S（安全产品）、EMC（电磁兼容）、S&E（安全与电磁兼容）、F（消防）、I（信息安全）等细分类别，原有CCC标志可根据模具更换周期及产品库存等情况自然过渡淘汰。

5. 看螺钉

如图3-13所示，看散热器框架的固定螺钉和前照灯的固定螺钉，中置的发动机舱盖锁扣，看周围的固定铆钉有没有换过，同样四个车门的固定螺钉也是一个道理，因为没有一个人会无缘无故地拧动车上的固定螺钉，只有重新做漆或撞击后更换部件才会动到。此外，门框的胶条，内侧会有小圆点，平滑、整齐、间隔距离均匀，门框边缘处是几层合在一起的，就是正常的，相反则会出现变形。

图 3-13　检查螺钉是否更换过

6. 看行李舱

如图 3-14 所示，主要查看行李舱盖的内侧有无发生变形，看有没有过修复、被锈蚀的印记，如果它是进行过维修的，那么肯定出现过追尾的问题。这就足以判断该车的车况了。还有就是它的备胎工具是否齐全，密封条是否原装，有无修复痕迹等。

如果行李舱有碰撞的迹象，不妨看看里面，探个究竟。

图 3-14　行李舱是否有碰撞现象

7. 附近 4S 店的相关信息查询

一般情况下，一辆车的维修、保养，在数据库中都会有记录，所以说在保修期内，到正规的 S 店都能查询到。当然，有的车主可能保修期过后就不在 4S 店维修、保养，那就另当别论。还有保险，现在已实现了信息共享，之前出过的事故，哪怕更换了保险公司，记录仍然存在。而且即使更换再多车主，只要车架号不变，车辆的事故记录就一直会延续。

三、车辆缝隙检查

一般的乘用车都是由 13 个外观件（钣金件）拼成的，包括前保险杠、左右前翼子板、发动机舱盖、车顶、四个车门、左右后翼子板、行李舱盖和后保险杠。每一辆车下线生产出来，这 13 块板之间的缝隙都是均匀一致的，这样，车辆看起来美观、协调。

一旦车辆有过撞击，边缝就会有褶皱、断裂等变化，想要恢复出厂时的外观是很难的。对车身的缝隙检查主要有两点：一是看边缝大小是否均匀（图 3-15）、左右是否一致，二是看车漆颜色是否一致。

图 3-15　钣金件缝隙检查

一个有经验的二手车鉴定人员在鉴定二手车时，首先是扫视一下车的整体，即看车"整不整"。所谓"整不整"就是看车的轮廓是不是顺滑，棱角是否分明，车身腰线是否有高低错位，车体是否对称。

1. 整车方正的检查

检查时，把车停放在一个光线明亮的地方，站在车的正前方观察车的方正程度（图 3-16）。如果车辆存在过碰撞修复，那么很多地方的缝隙就会出现左右不对称的情况；如果是喷漆修复的话，颜色调配不一致也会出现明显的色差，影响人的美观感受，即感觉看着不舒服。

图 3-16　车身方正检查

2. 车身曲线的检查

一般情况下，如果车身正面、侧面没有受到过撞击的话，它的前脸线条（图 3-17）、车身腰线会是非常流畅的（图 3-18）。如果腰线不流畅或者钣金件之间产生落差，那么很可能车辆是被撞过的。

观察侧面最主要的是车身的腰线，其次是车门底部边线。正常情况下，这些线条出厂时都应该是平的，如果遭受过撞击，经过修复、调整，那么由于对车门进行调整，这些线条就会出现参差不齐的瑕疵。

图 3-17　车身曲线的检查

图 3-18　车身腰线的检查

3. 车身缝隙的检查

1）发动机舱盖与前翼子板、前照灯、前保险杠缝隙的检查（图 3-19）。无事故车辆缝隙应左右对称、均匀、流畅、无留漆（图 3-20）。发生过事故的车，如果调整不好，缝隙会大小不一，左右不对称（图 3-21）。

图 3-19　发动机舱盖与前翼子板、前照灯缝隙的检查

图 3-20　没有事故的发动机舱盖与前照灯缝隙均匀、平整

图 3-21　发生过事故的车辆的前照灯与前翼子板缝隙不均匀

2）车门与车门、车门与前翼子板、车门与后翼子板缝隙的检查。缝隙应左右对称、均匀、流畅、无留漆（图3-22）。

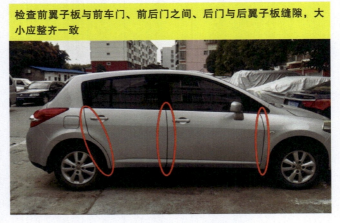

图3-22 车门缝隙的检查

① 前车门与前翼子板缝隙的检查（图3-23）。

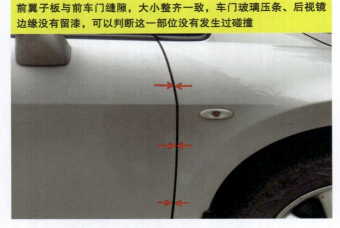

图3-23 前车门与前翼子板缝隙的检查

② 前车门与后车门之间缝隙的检查。没有发生过撞击事故的前、后车门之间的缝隙应大小均匀整齐，左右对称（图3-24）。

③ 后车门与后翼子板缝隙的检查。没有发生过事故的后车门与后翼子板缝隙应均匀整齐，发生过事故的车缝隙大小不一（图3-25）。

④ 车门外部密封条的缝隙的检查。观察车门外部密封条的缝隙是否整齐一致，也是判断车辆侧面是否碰撞过的依据。如果密封条的缝隙不协调，或者一段齐，一段不齐，那么车门很可能是修复过的（图3-26）。

3）后翼子板与后保险杠、后翼子板与行李舱盖、行李舱盖与后保险杠缝隙的检查。缝隙应左右对称、均匀、流畅、无留漆（图3-27）。发生过追尾事故的车辆，如果缝隙调整不好，就会出现大小不一的现象（图3-28、图3-29）。

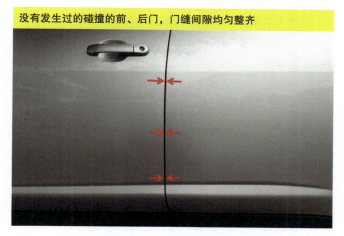

图 3-24　前、后车门之间缝隙的检查

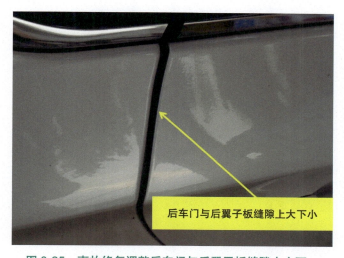

图 3-25　事故修复调整后车门与后翼子板缝隙大小不一

图 3-26　车门外部密封条缝隙的检查

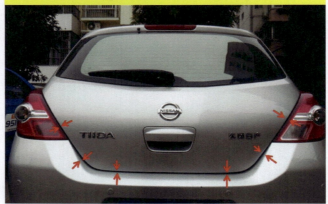

图 3-27　车辆尾部缝隙的检查

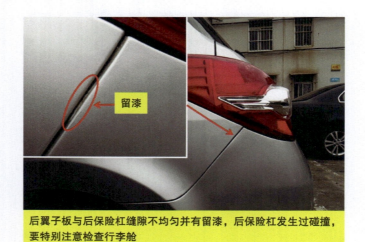

图 3-28　后翼子板与后保险杠缝隙大小不一并有留漆

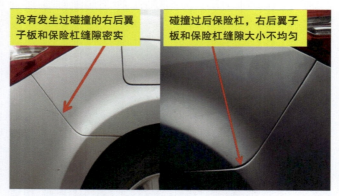

图 3-29　没有发生过碰撞的后保险杠和发生过碰撞的后保险杠缝隙对比

如果不知道原车缝隙是什么状态，也可以将左右两侧对比来看。在图 3-30 中这辆车右后尾灯的缝隙明显比左后尾灯大很多,这是维修安装时调整不到位所致。

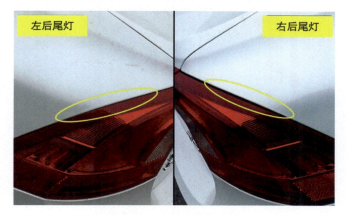

视频 29
后尾灯的鉴定

图 3-30 左、右尾灯对比

第二节 事故车前部鉴定

一、正面碰撞损伤鉴定评估

汽车正面碰撞的事故很多,即使一个小的追尾,保险杠也会向后移动。中度正面碰撞会使保险杠支架、散热器框架、前翼子板、前纵梁弯曲。如果冲击力再大,前翼子板将接触前车门,前纵梁在前悬架横梁处产生折皱损伤,如图 3-31 所示。如果冲击力非常大,车身 A 柱(特别是汽车前门上部铰链安装部分)将会弯曲,这将引起前车门的脱落、前纵梁折皱、前悬架横梁弯曲、仪表板和车身底板弯曲,如图 3-32 所示。

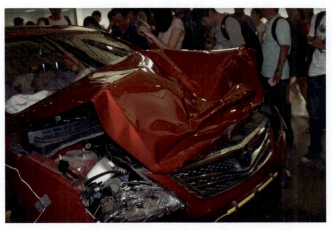

视频 30
二手车 A 柱的检查

图 3-31 汽车正面碰撞造成的损伤

093

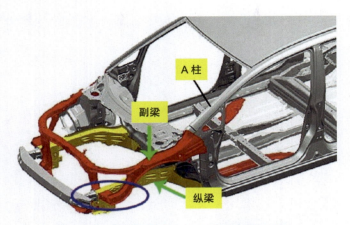

图 3-32　汽车前纵梁、A 柱可能会造成损伤

如果正面碰撞是以一定角度发生的，车身会以前横梁的接触点为轴，向侧面和垂直方向弯曲。因为左右纵梁是通过横梁连接的，汽车碰撞的冲击力会从碰撞接触点，通过前横梁传递到汽车另一侧纵梁上引起变形。

二、保险杠及吸能装置的情况鉴定

现在多数车型的保险杠内部均有吸能装置，目的是一旦发生碰撞时吸收碰撞能量，减轻伤害（图 3-33）。通过检查保险杠是否有打磨、焊接、喷漆的迹象，检查保险杠与前照灯、翼子板等零件的配合间隙是否均匀，可以判别是否有过事故。

钢制保险杠可用碰撞修复设备校正和修复。镀铬保险杠损伤时，应予以更换。铝制保险杠轻微碰撞时可被校正，中度以上的碰撞多以更换修复为主。轻微刮伤的铝制保险杠可以经抛光来恢复铝面的光泽。

保险杠饰条破损以换为主。保险杠固定脚、表面轻微开裂可用塑料焊机修复；保险杠表面轻微变形但无折皱时，可用加热方法恢复变形部位。

检查时，应该注意检查吸能器的固定轴和固定板是否弯曲，橡胶垫是否撕裂。当固定轴出现弯曲或者橡胶垫脱离安装位置时，吸能器就必须予以更换。

图 3-33　汽车保险杠及吸能装置

三、格栅（前中网）的情况鉴定

格栅固定于车辆前部中央（图 3-34）。依照车辆设计结构，格栅可能固定在保险杠装饰板上或固定在前护板上，也可能固定在散热器支架或发动机舱盖上。格栅既美观又实用，它用于隐藏散热器和导入空气。格栅可由铝、灰铸铁、ABS 塑料、氨基甲酸酯等几种材料制成。

格栅有多种结构形式。一些格栅由多块元件组成，这些格栅块可单独进行更换，而无需更换整个格栅。格栅上的厂标、车标、支架、托架、嵌条、加强筋和填料都可单独更换。塑料或氨基甲酸酯格栅受轻微碰撞时，可用塑料焊接技术或塑料修补方法修复。若不能维修，则需要以新件更换。

视频 31
发动机前格栅的检查

图 3-34　格栅（前中网）

四、散热器支架的情况鉴定

散热器支架一般焊接在前翼子板和前横梁上形成车辆前板，如图 3-35 所示。在一些非承载式车身结构的车辆中，散热器支架用螺栓固定在翼子板、车轮罩和车架总成上，除了提供前部钣金件的支承外，也用于支撑散热器以及相关冷却系统零部件。

散热器支架损伤修复可用普通校正设备和技术进行校正，如果支架部分损伤，只需更换相应损伤部件。当散热器支架严重变形时，应整体更换。

检查时，仔细观察散热器支架是否经过维修，检查散热器支架两端的密封剂是否完好，标牌是否完好。如果密封剂、漆面有维修痕迹，则表明该车前部有过碰撞损伤。图 3-36 所示为完好的雪铁龙世嘉车散热器支架标牌。

图 3-35　汽车前部散热器支架　　　　图 3-36　完好的散热器支架标牌

五、发动机舱盖情况鉴定

如图 3-37 所示,检查发动机舱盖与两侧翼子板之间的缝隙是否均匀,检查内、外板及外部边缘减振胶是否均匀。如果密封剂、漆面有维修痕迹,则表明该车发动机舱盖有过碰撞损伤。铁质发动机舱盖根据损伤变形程度不同,可选择钣金修理法修复或整体更换;铝质发动机舱盖通常产生较大的塑性变形就需更换。铰链轻微损伤时可以修理,缆索损伤以更换为主。撑杆有铁质撑杆和液压撑杆两种,铁质撑杆可通过校正修复,液压撑杆撞击变形后需更换。

图 3-37 发动机舱盖与翼子板之间缝隙的检查

六、前翼子板的损伤情况鉴定

如图 3-38 所示,检查翼子板紧固螺钉是否有维修过的痕迹,检查其表面腰线是否规整。用手指轻轻敲击表面,判别是否有打磨迹象。如果声音浑厚说明进行过打磨、喷漆。钢制翼子板变形后可经过钣金校正修复;玻璃纤维和塑料翼子板上的凿孔和破碎处可用玻璃纤维修补剂修复。

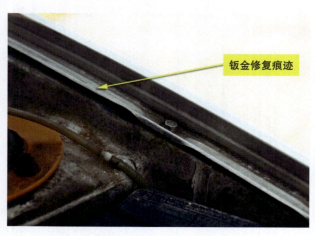

图 3-38 前翼子板检查

七、前纵梁的损伤情况的鉴定

前纵梁由两根位于两边的纵梁组合而成，主要用于承载发动机（图3-39）。纵梁多用低合金钢板冲压成形，断面为槽形或工字形。为了分散吸收事故撞击的能量，车辆的纵梁前方属于吸能区，吸能区上有溃缩引导槽（图3-40），吸能区一旦发生碰撞就会产生溃缩，在溃缩引导槽处会留下折痕，即使修复后也很容易看出来，所以查看前纵梁是排查事故车的重要方式。

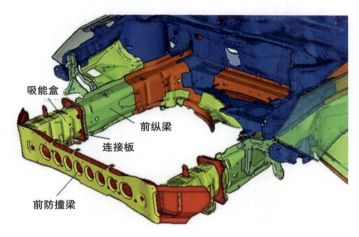

图3-39　汽车前纵梁的检查

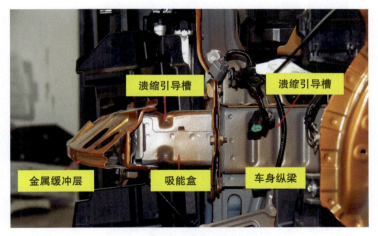

图3-40　车身纵梁实物图

车辆纵梁在小事故中受伤的概率比较低，所以如果一辆车的纵梁有问题的话，那么这辆车一定经受过不小的事故。车辆前纵梁一旦发生碰撞就会产生溃缩，即使修复后也很容易看出来。对吸能盒来说，它的破损并不影响汽车本身的安全性，因为这是可以更换的（图3-41）。但是如果伤及纵梁，造成了纵梁溃缩，那么就可以认定为大事故车。因为纵梁的维修只能通过修复，甚至需要重新切割焊接才能进行修复。

图 3-41 防撞梁和吸能盒事故修复留下的痕迹

纵梁的检测方法有两种,一种是看纵梁是否变形,另一种是看有没有局部的生锈。

1. 变形

纵梁如果受到过事故挤压,那必然会有扭曲或者变形破损的痕迹(图 3-42),这可定性为大事故车。图 3-43 所示车辆横梁受损严重,但纵梁没有损伤,不算大事故车。

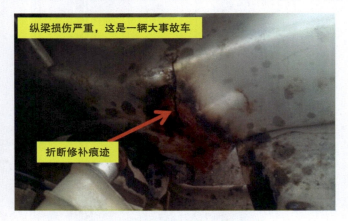

图 3-42 事故造成的纵梁严重损伤

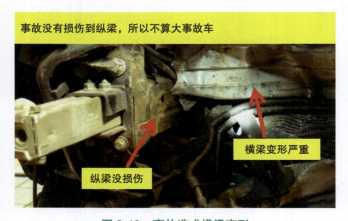

图 3-43 事故造成横梁变形

2. 生锈

纵梁生锈在使用年限比较长的车辆上很常见，不过一般年限不长的车不应有局部生锈情况产生。而纵梁受伤的车会产生局部生锈现象（图 3-44）。

图 3-44　纵梁完好和生锈对比

第三节　车辆车漆检查

车辆外表的磕磕碰碰是常有的事，并不是说外表车漆有损伤就是事故车，检查外表车漆主要有两个目的：一是从喷过漆的地方寻找蛛丝马迹，从喷漆点进一步深入检查发现事故程度；二是在价格评估时扣减喷漆的相关费用。车漆检查步骤及要领如下。

一、漆面色差检查

迎着光看漆面上是否有褶皱，距离在 1m 左右。因为原车喷漆比修理厂补漆要均匀，所以后补的漆在这种情况下会看出有些褶皱的感觉。通过车身反射光的明暗对比来判断是否补过漆，一般补过漆的地方反射光很暗。但一些高档车都是在厂家指定的特约维修站烤漆，计算机配色、配漆、配亮油，喷漆的质量非常好，不容易观察到。对于金属漆，可以检查漆面金属配料含量的多少。当然，这对喷漆质量好的车影响不大。喷漆质量不好的车会产生色差，通过仔细观察可以检查出来。如图 3-45 所示，在检查时要把车辆停放

图 3-45　漆面色差检查

在一个光线明亮的地方,不要在地下停车场等光线相对较暗的位置检查。

二、漆面顺滑性检查

喷漆修复的最后一道工序是抛光打蜡,经过抛光打蜡的漆面应该是很顺滑的,但边角往往不太好抛光(图3-46)。因此这些地方补过漆后会感觉不太顺滑,同时车身的不平整也可以感觉出来。可以用手摸发动机舱盖和行李舱的光滑边,一般补过漆的这些地方靠近玻璃的一边会有粗糙感,与没补过漆的区别很大。

如果是整车喷漆,虽然看不出色差,但是在喷漆之前需要把原漆全部用水砂纸打磨掉,这样就会留下一些细微的痕迹,虽然很难发现,但是仔细看还是可以发现的。而且在烤漆时,施工环境很难保证无菌,所以在喷漆过程中可能会掺杂一些细小的颗粒,在车面形成麻点(图3-47),阳光一照,很容易就会看见。

图3-46 漆面抛光打蜡

图3-47 喷漆留下的麻点

检查方法:距离漆面20cm仔细观察,看有没有灰尘、气泡造成的砂眼(图3-48),如果有,那么几乎可以断定这个板件补过漆。有的砂眼是喷漆过程中有杂物飞进去造成的鼓包。这些小颗粒被包在了车漆里面,是擦不掉的,如果仔细观察是很容易发现的。

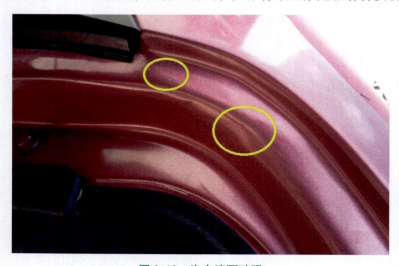

图3-48 汽车漆面砂眼

三、漆面砂纸打磨痕迹检查

只要刮完腻子用砂纸打磨，都会留有痕迹，如很多或粗或细的条纹（图3-49），这和周边完好的原车漆部分是不同的。

图3-49　喷漆前腻子的打磨

四、漆面检查

1. 敲打法检查漆面

发生过较严重事故的车辆，如果不更换外观件，就必须进行钣金修复。钣金修复的表面不可能像新件那么平整光滑，所以表面必须刮腻子填平，因此喷漆的厚度也会比较厚（图3-50），敲打时声音要低沉一些，特别是喷漆质量不太好时，就更明显了。

视频32
漆面的敲击鉴定

图3-50　车身覆盖件修复后刮腻子

在鉴定二手车时敲打外观件听声音也是鉴定是否补过漆的方法之一。检查方法：在鉴定时，敲击一下车漆面，如果声音发闷，就说明车漆比较厚，可能重新喷过了。原车的漆面很薄，发出的声音比较清脆。

2. 外观件边缘、装饰条及橡胶密封件留漆检查

在对事故车辆进行喷漆时，有些4S店或修理厂为了节省人工，并不完全按照工序进行施工。比如进行车门喷漆时，按工序应该把车门玻璃压条、车门拉手拆下后喷漆，但有些4S店或修理厂并没有这样做，而是直接用遮挡的方法遮住车门玻璃压条、车门拉手后直接喷漆（图3-51、图3-52），这样很难做到将遮挡物与车的线条严密地契合住。因此，在喷漆的时候难免会有一些油漆飞到周围的地方，这样就很容易在车门玻璃压条和车门的接缝处残留油漆痕迹和"留漆"痕迹。

图3-51　局部喷漆时用报纸遮挡

图3-52　全车喷漆时用报纸遮挡

3. 利用油箱盖进行辅助判断

汽车的油箱盖是事故车辆喷漆调漆的样板，需要调漆时会把油箱盖拆下来，根据上面的漆色调配油漆，这样喷出来的漆就很难发现色差。在检查二手车是否补过漆时，应检查油箱盖的固定螺钉有没有被拆开过（图3-53），如果有，那就要特别注意。

图3-53　检查油箱盖是否拆开过

五、漆面桔皮现象检查

所谓漆面桔皮，是指漆膜产生橘子皮似的块状效果，如橘子皮表面一样（图3-54）。它产生的主要原因是由于流平不佳。所谓流平不佳，是指喷枪喷出的油漆颗粒经过雾化到达喷涂表面时，相互间不能再流动，从而不能使漆膜表面平滑（图3-55）。

图3-54　橘子皮表面

图3-55　漆面桔皮现象

六、漆面是否原漆的检查

如图3-56所示，用手轻柔抚摸覆盖件表面，只要是有小颗粒感的漆面，基本都是重新喷过漆的。

① 是发动机盖，② 是左翼子板，可以很明显看出，左翼子板有桔皮纹，发动机舱盖是原车漆。看做漆的目的，就是为了细细探究做漆的原因。只要不是因为事故的原因就行。

图 3-56　覆盖件是否原漆的检查

1. 逆着光观察漆面

如图 3-57 所示，逆着光去看漆面，看有没有起桔皮或者波浪纹，或者是类似水滴状的多余油漆痕迹，如果有，应该是后期做过漆的。原厂漆做工再差，至少是在无尘车间里用机器人喷涂的，喷涂油漆量极其精确，后期还有质检员在特殊灯光下检查，有些品牌虽然因为成本原因漆面不完美，但绝不可能烂到这种程度。

车身覆盖件边缘是必须要看的一个地方，那地方除了要看原厂胶是否齐整之外，还要看油漆边缘是否有开裂。油漆开裂就两个原因。第一是老车油漆自己老化开裂，第二是曾经有过补漆，新补的漆跟老漆混在一起，很容易会造成开裂。所以如果不是老车，油漆边缘层又开裂的话就不用想了，肯定是后补过漆。

图 3-57　是否补漆的检查

2. 油漆开裂非常值得注意

如图 3-58 所示，但凡车不是一辆老车，却无端有油漆开裂的，那地方十有八九是撞过。因为如果只是小剐蹭做漆，油漆不可能会断裂。而且伴随着断裂层，基本会发现里面有一层白色涂层，已硬化风干，那就是后补油漆时打的腻子了。原厂出厂的油漆不可能会有任何腻子，所以原厂漆如果被刮破了却没补漆，那么其底层必然不会是白色，而是直接露出金属底色或者塑料颜色。

第三章　教您鉴定事故车

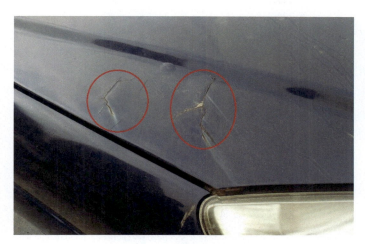

视频 33
二手车漆面的鉴定

图 3-58　汽车修补漆面开裂

因此，在看一些有破损的车的时候，要注意查看车辆的伤口，可以从伤口中就判断出这伤口究竟是以前就打过腻子修复过的老伤，还是最近剐蹭了，但还没修复过的新伤。

另外，观察油漆开裂的时候，我们要特别注意车顶。车顶漆面是最不容易受伤的地方，如果发现车顶有问题时，对这辆车就要格外小心了。

3. 覆盖件的边缘是否有油漆开裂痕迹

看覆盖件的边缘是否有油漆开裂痕迹，以及一些跟覆盖件相连的塑料件、橡胶件，还有门把手的开关处，前照灯的隐藏角落（图 3-59），各种覆盖件的内侧排水沟以及各种隐藏角落，是否有残留油漆痕迹，修过车的朋友就知道，中国的后期补漆手段，基本都是一个面要补漆，那么它周边的其他部件全部都用胶布粘着报纸包裹住，以防多余的油漆喷洒到其他部件上，但这种方法再完善，终究难免会有残留油漆喷涂到一些边缘死角处。

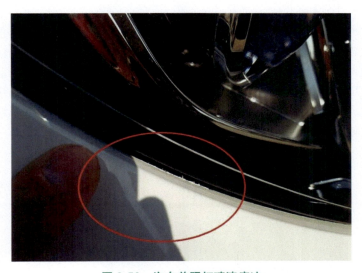

图 3-59　汽车前照灯喷漆痕迹

七、漆膜厚度的测量

1. 漆膜仪的检测机理

不少有经验的师傅在二手车行业工作很久后，可以通过观察车身的外观来判断一辆车的钣金和喷漆的情况，从而判断汽车遭受事故被损伤的大小。这种技术是通过多年的经验累积下来的。漆膜仪出现以后，出现了更为直观和科学的方式，来辨别二手车是否被重新喷漆。

如图 3-60 所示，一辆车的整体漆膜厚度是差不多的，由于汽车被剐蹭后重新喷漆会造成某些部位的车漆厚度增加，因此可以通过漆膜仪检测汽车表面的漆膜厚度来判断汽车是否被重新喷漆。如果测量得到的数据只是比原厂车漆的厚度高出一些，有可能只是汽车被刮擦后重新喷漆造成的，如果出现大范围的漆面厚度增加，且比原厂漆厚度高出不少，就应该是汽车被碰撞后通过钣金修复造成的。

漆膜仪原理实际并不复杂，最简单的理解方式就是：车身是铁做的，吸铁石可以隔着车漆吸到车身的铁上面，而隔着的车漆厚度会影响吸力大小，这个影响的数值便可以反映出漆面的厚度。当然，对于铝车身不具有吸力怎么测试呢？答案就是利用电涡流。铝车身导电但漆面却不导电，探头处制造出电磁场，当探头靠近铝车身时就会形成电涡流，探头距离铝车身的距离不同电涡流大小也就不同，于是就反映出铝板表层的涂层厚度了。

图 3-60　漆膜仪工作原理

当车辆发生碰撞时，车身会产生变形和凹陷，正如图 3-61 中红色部分所示：本来黑色平面的车身因撞击凹陷，钣金可以拉出凹陷部分，但是却不能保证拉出后与原车漆面完全齐平，这时修复需要使用腻子来与原车漆面完全找平之后再喷漆，这时如果在检测点 1 进行检测，漆膜仪反映的数字应该是原车漆面数值（大多在 200 以内），而在检测点 2 进行检测时，由于检测点与车身之间间隔着不光是漆面还有一层腻子，此时读数一定会大于原车漆面，钣金痕迹就是这样判断出来的。

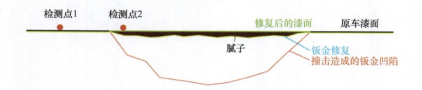

图 3-61　漆膜厚度的检测机理

2. 汽车漆膜厚度测量方法

那么我们使用仪器要怎样测量汽车漆膜厚度呢？下面以林上科技的 LS220 漆膜仪为例进行介绍。

第一步，漆膜仪的参数设置（非必需步骤）。

首先在关机的状态下长按漆膜仪的按键，仪器将会进入到设置界面，如图 3-62 所示。这个界面第一排数据表示的就是三种测量模式，第一种为铁基测量模式（Fe），在这一模式下，仪器可以用于检测磁性金属基体上的涂层厚度，该模式适用于检测车身为铁、钢材等材质的汽车。而非铁模式（NFe）指的针对非磁性金属基体的测量模式，适合测量铝或者是其他非磁性金属材质的车身。如果测量前不能确定车身的材质，则可以选择第三种 Fe/NFe 模式，在这种模式下，仪器可以自动识别被测基体的材质，并切换到合适的模式。

图 3-62　漆膜仪的参数设置

第二步，漆膜仪的调零

长时间未使用，环境温度发生变化或者是更换了被测基体，都要求测量前对仪器数据进行调零（图 3-63）。也就是需要事先在未喷漆的基体（车身）上进行调零，也可以使用仪器配备的铁板或者铝板进行调零。通过调零，可以使得后续的测量数据更为精准。

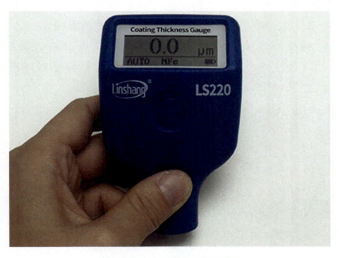

图 3-63　漆膜仪的调零

第三步，漆膜仪的测量

做好漆膜仪的设置和调零准备后，测量是非常简单的。只需要轻轻将仪器的探头垂直按压在车身表面，仪器的响应速度非常快，0.5s 即可出现一次新数据，在测量时，可以不停地更换测量位置来扩大测量范围。

不同品牌的车原厂漆厚度都不同，不过大部分车的厚度都在100~180μm以内。测量前如果无法确认原厂漆的厚度，也可以先在汽车的车顶位置测量（图3-64）。由于位置的特殊性，车顶通常较少出现重新喷漆的情况，其厚度可以作为原厂漆厚度的参考。

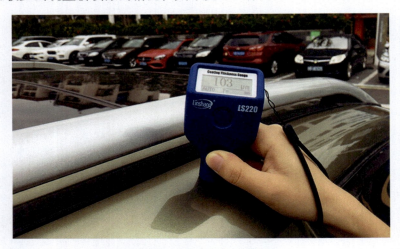

图3-64　车顶漆膜厚度检测

3. 钣金车漆膜厚度测量部位

测出汽车车顶的漆膜厚度（图3-64）作为原厂漆的厚度，因为汽车的车顶是不易受到磨损，也是很少会被喷漆的地方。测出汽车的车顶位置数据后，整个车的漆面厚度标准就已经得出来了。整车的车漆在（103±20）μm以内算是正常范围。

如这台车的漆膜厚度为103μm，这就可以证明整台车的车漆厚度都在103μm左右，如果部分地方有超出较多，则说明该车发生过摩擦、刮损或是事故。

这台车其他部位的涂层厚度测量结果分别为：汽车发动机舱盖板：106μm正常（图3-65）；汽车右侧车门（图3-66）：110μm正常；汽车右侧后翼子板（图3-67）：417μm，疑似喷漆或是做过钣金修复；汽车车尾（图3-68）：110μm正常。

图3-65　汽车发动机舱盖板106μm

图 3-66　右侧车门 110μm

图 3-67　右侧后翼子板 417μm

图 3-68　汽车车尾：110μm 正常

八、改色车识别

一般来说改色车是不会对车辆正常行驶产生很大影响的，但是要看怎么改。如果仅仅是外观改色，发动机舱及内饰地板不改的话还好，因为不需要拆卸内饰和发动机；如果连发动机舱都改了颜色的话，因为需要拆掉所有的内饰，很可能在装回时达不到原来的精度，在日后行驶时内饰容易出现异响。检查改色车可以从以下几个部位进行。

1. 检查车门框判断改色车

识别改色车最简单的办法就是通过观察密封胶条内的色差及喷漆痕迹来判断，拉开车门密封条，观察门框的颜色（图3-69）。

图3-69 拉开车门密封条露出了原车的颜色

2. 检查发动机舱盖判断改色车

在改色时会把发动机舱盖拆下来进行喷漆，但发动机舱盖铰链一般不喷（图3-70），检测发动机舱盖铰链很容易发现原车漆颜色，可以据此判断此车为改色车。

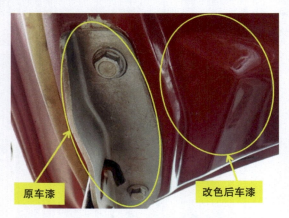

图3-70 发动机舱盖铰链和发动机舱盖比对

3. 检查减振器座判断改色车

在改色时减振器座一般不会喷漆，还是保留原来的车漆颜色（图3-71），据此很容易判断此车为改色车。

第三章 教您鉴定事故车

图 3-71 检查减振器座颜色

4. 检查车铭牌判断改色车

要改色喷漆时，一般车辆铭牌不会拆下，只会用报纸遮盖，在铭牌的边缘会看到原车漆颜色（图 3-72）。

图 3-72 检查车铭牌判断改色车

5. 检查天窗（如果带有天窗）判断改色车

将天窗完全打开，通过观察天窗滑轨内侧的颜色来判断车辆是否是改色车。因为天窗滑轨内侧的夹层很深，里面的颜色都是汽车厂商在制造汽车时单独喷上的，后期改色很难做到将颜色均匀地喷到里面，只要是改色的车，就会有色差和喷涂精度的问题存在（图 3-73）。

图 3-73 检查车天窗判断改色车

车辆改色需要什么手续？

如果你想要改变车身颜色（图 3-74）且面积比例不超过 30%，则不需要办理车辆的变更登记。若改色面积超过 30%，是需要去车管所进行备案登记的。车主一定要注意一点，缴清违章罚款之后才可以办理变更车身颜色的手续。

图 3-74 改色车

原则上讲，整车换颜色是可以的（进口车是不可以改色的），但是有几种颜色和花纹不能使用，例如消防车专用的红色，工程抢险车专用的黄色，以及警车专用的蓝白色等。这些特种车颜色和花纹都要避开。

车辆改色备案手续所需资料：

1）改色申请；
2）车型资料；
3）机动车登记证书；

4）机动车行驶证；

5）车主身份证原件及复印件；

6）如果是由他人代理，还需要委托书、代办人的身份证原件及复印件。

车改色时具体需要进行如下操作：

改色前最好先到车管所咨询所选颜色是否被允许变更，得到确定答复之后再为车辆改色，然后预约时间办理变更登记手续。

1）首先，喷漆完成后，把车带到车管所，对改色后的车辆进行拍照、查验。

2）然后，填写《机动车变更登记/备案申请表》，提出变更申请。

3）最后，由工作人员在《机动车登记证书》上记载变更事项，重新制作《机动车行驶证》。

 注意： 如果改变车身颜色，未按规定时限办理变更登记的，根据交通相关法律法规的规定，将受到处罚。

第四节　雪铁龙事故车鉴定实例

以东风雪铁龙世嘉2012款自动档品悦型为例，进行事故车鉴定讲解。

一、前部鉴定

1. 外观检查

左前45°看车（图3-75）的外观没有大面积的划痕和需要钣金修复的凹坑需要处理，不过还是那句话，看二手车不能光看外观，认为外观好内部就一定会好。

图3-75　左前45°看车

2. 发动机舱盖检查

打开发动机舱盖后发现内部的散热器框架上盖板（图 3-76）有过更换，判断依据就是三点：首先螺栓拆卸，其次缝隙不严，最后没有标签标记。然后，又从前照灯的生产标签确定了前照灯有过更换，因为和实际的生产日期不符合，一般来说前照灯的生产日期都是在车辆整车出厂日期之前，所以如果发现这种情况，一定是更换过的。

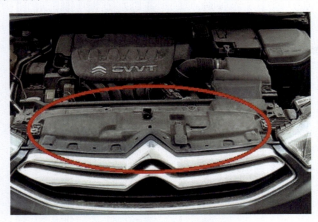

视频 34
二手车发动机舱内各类标识的检查

图 3-76　盖板检查

3. 发动机舱盖是否拆卸

如图 3-77 所示，可以从发动机舱盖上的下部支架位置的螺栓是否有过拆卸痕迹，判断发动机舱盖是否更换。如果有能力可以买个漆膜测试仪，如果没有也可以通过边缘的密封胶来判断，当然如果经验丰富也可以通过重量和声音来判断。

视频 35
二手车发动机舱盖的检查

图 3-77　发动机舱盖是否拆卸

4. 发动机外表检查

往往表面上完美的物品，并不真正完美，比如这台车的发动机护罩，拆卸之后看到大量的油迹和泥巴混合在一起（图 3-78），不过好在没有零部件损坏，不然还要花费一笔修车费用。

视频 36
风窗玻璃下挡板的检查

图 3-78　发动机外表检查

5. 前照灯是否更换

前照灯的更换（图 3-79），尤其是法国车都比较好判断，因为标签就十分显眼地摆放在上面。

6. 翼子板是否更换

如图 3-80 所示，右前侧的翼子板更换过。因为这台车的翼子板是塑料的，所以无法通过漆膜仪测试是否喷漆，所以就要仔细观察螺栓的拧动痕迹，并且看内部的漆面是否和外部一致。左前翼子板通过观察也是一样更换过，塑料翼子板的好处是降低成本，但是如果有过碰撞只能进行更换，无法修复，可以说是有利有弊。

图 3-79　前照灯是否更换

图 3-80　翼子板的检查

二、切割鉴定

1. 后翼子板的鉴定

如图 3-81 所示，这里是备胎槽外部边缘的翼子板，因为切割需要从内部整个切除并重新焊接，所以可以看到图 3-81 中画点位置表面光滑没有原厂的密封胶固定，这就是切割痕迹。

2. 后车门内侧检查

如图 3-82 所示，这里能看到画点位置上部有凹坑的焊点，这个就是原厂的焊点，通过按压形成，但是修理厂是没有可能会购买这样的设备的，最多的都是直接进行气体保护焊进行焊接，所以就会出现下面的这种光滑的痕迹。但是这是处理过的，因为焊接导致凹凸不平，所以需要在上面涂抹一层腻子，最后就形成了图 3-82 中这种痕迹。

图 3-81　后翼子板的切割痕迹

图 3-82　后车门内切割痕迹

要知道 C 柱是很大的，所以一般都是进行大面积的切割，此车切割了 50cm 一直延伸到了下部的底大边位置（图 3-83），所以判断受力是因为侧部碰撞导致车门变形后剐蹭 C 柱，并同时受力导致无法修复的结构伤，所以只能进行切割。

常规手法都是从后部的三角玻璃上部开始切割，到底大边下部（图 3-84）为止，这里能很清晰地看到实际切割了很长。但是还要说明一点，如果二手车是买来给自己开几年，其实这种切割真的无伤大雅，因为这里不是受力梁并且切割的是后部，其实对于安全没有太大的影响，毕竟谁买车也不是为了撞的，小心点开就行了。

图 3-83　切割位置点

图 3-84　切割下部位置点

这里是另一侧的翼子板，内部可以看到钣金拖拽痕迹（图 3-85），这里不相同的是没有切割，损伤可以通过钣金校正回来，所以对车价没有太大影响，顶多是喷漆要多花些钱。

3. 右侧的底大边

如图 3-86 所示，右侧的底大边有钣金痕迹，其实说钣金不够准确，因为很多车辆的大边边缘都是塑料制品，钣金会拽坏，所以通常的修复手法就是内部敲回来之后再涂一层颗粒胶。不过有些车辆的大边是非常结实的，如果发现外部有修复痕迹，里面一定有过钣金修复，那么车辆等级就会变更为 C 级轻型事故车，所以要注意细节。

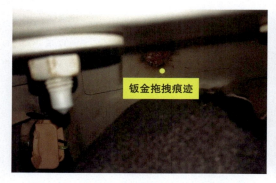

图 3-85　翼子板内部看到的钣金拖拽痕迹

图 3-86　右侧底大边有钣金痕迹

4. 外部情况

该车不得不说外观真的没得挑，右前门有整喷痕迹（图 3-87），下部还有一个 2cm 左右的划痕，可以通过抛光去除。左前门下部也有划痕（图 3-88），这个划痕不好弄，因为车主之前用点漆笔修复过，所以只能重新进行喷漆，大概花费 300 元左右，所以应从车价中扣除。

图 3-87　右前门有整喷痕迹

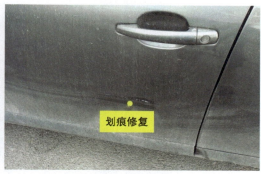

图 3-88　左前门下部划痕修复

三、内饰鉴定

1. 行驶里程数

内饰是接触人最多的地方，所以也是磨损最大的地方，如果发现显示里程数（图 3-89）和实际磨损不符，就要注意是否有过调表。着车后怠速平稳，没有故障灯常亮，里程数为 9.7 万 km，接下来我们看看磨损状况。

2. 方向盘、座椅检查

如图 3-90 所示，方向盘不是皮质的，所以磨损基本看不出来，只有少量的划痕，是可以简单忽略的磨损。如图 3-91 所示，这台车是低配车型，所以座椅是布制品而且还是黑色的，所以只需要稍微清洁即可，只要没有破损这内饰清洁后一定会干净、整齐。

图 3-89　仪表的行驶里程数

图 3-90　方向盘有磨损

视频 37　二手车是否是调表车的检查

图 3-91　座椅有脏迹

视频 38　二手车座椅的鉴定

视频 39　方向盘的鉴定

3. 防水胶条的检查

最后一点儿伤就是防水胶条的损坏（图3-92），不要小看这点儿，要是你所在的城市下暴雨，就知道我说的问题有多重要了。

图 3-92　防水胶条损坏

四、鉴定总结

1. 车身骨架方面 D

1）车身结构件有事故变形。
2）车身结构件有修复痕迹。
3）车身结构件有更换痕迹。
4）切割左后翼子板，更换前照灯罩盖。

2. 车辆外观 C

1）外观覆盖件有更换历史（不含保险杠），不需要再次修复。
2）外观有修复痕迹，且有色差。
3）外观有修复痕迹，且有流漆。
4）外观有修复痕迹，且有漆雾。

3. 内饰及附件 C

1）内饰有磨损。
2）内饰有非总成件缺失。
3）内饰盖板破损或缺失。

由于该车为2012款自动档品悦型，2012年上牌，里程数为9.7万km。目前车况完好的情况下二手车价格在3.5万~4万元之间，由于此车切割了后部的结构件，所以价格相对降低5000元左右，实际成交价格在3万元出头。

第四章　教您鉴定泡水车

泡水车（图4-1），顾名思义也就是被水浸泡过的车辆。按照损害严重程度分为三类，第一类是水深超过车轮，并涌入了车内；第二类是水深超过了仪表盘；第三类是积水漫过车顶。在这三类情况中，第一类最为常见，危害性相对后两类要小很多，修复后对日常使用影响不大。而后两类，水深超过了中控台或者直接没顶的车辆，就算修复后也是一个"定时炸弹"，奉劝大家再便宜也别买。

泡水车根据泡水深度分为三个等级，其中水深超过中控台和淹没车顶的属于严重泡水车，潜在危害性很高，建议大家千万别买。而水深超过车轮的泡水车，修复后还有一定实用价值。

图4-1　泡水车的三个等级

第一节　泡水车的定性及损坏

确定泡水车的泡水程度的参数包括水的种类、泡水时间、泡水高度。不同的水质（海水会损坏漆面）、泡水时间、泡水高度对汽车的损伤各不相同，必须在现场查勘时仔细检查，并做出详细记录。

一、车辆泡水的高度定性

水对汽车的淹没高度是确定水损程度非常重要的一个参数。一般说来，针对不同的车型，"泡水高度"通常不以具体的高度值作为计量单位，而是以汽车上某个重要的位置作为参数，通常轿车的泡水高度可分为 6 级，如图 4-2 所示，每一级的损失程度各不相同，相互之间差异较大。具体内容将在后面损失评估时再进行定性和定量分析。

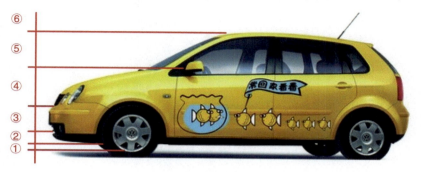

图 4-2　轿车高度示意图

说明：①为制动盘和制动鼓下沿以上，车身地板以下，乘员舱未进水；②为车身地板以上，乘员舱进水，而水面在驾驶员座椅垫面以下；③为乘员舱进水，水面在驾驶员座椅垫面以上，仪表工作台以下；④为乘员舱进水，仪表工作台中部；⑤为乘员舱进水，仪表工作台面以上，顶篷以下；⑥为水面超过车顶，汽车被淹没顶部。

二、泡水时间的长短定性

汽车被泡水时间的长短，是评价泡水损失程度的另外一个重要参数。泡水时间长短对汽车所造成的损伤差异很大。现场查勘时，在第一时间通过询问来确定泡水时间是一项重要的工作。泡水时间的计量单位一般以小时为单位，通常分为 6 级，具体见表 4-1。

表 4-1　泡水时间、泡水高度与泡水级别对应表

水损等级	泡水时间 /h	泡水高度	水损分析
一级	$t \leqslant 1$	制动盘和制动鼓下沿以上，车身地板以下，乘员舱未进水	可能造成的受损零部件主要是制动盘和制动鼓。损坏形式主要是生锈，生锈的程度主要取决于泡水时间的长短以及水质
二级	$1 < t \leqslant 4$	车身地板以上，乘员舱进水，而水面在驾驶员座椅垫面以下	除一级损失外，还会造成以下损失： 1. 四轮轴承进水 2. 全车悬架下部连接处因进水而生锈 3. 配有 ABS 的汽车的轮速传感器失准 4. 地板进水后，车身地板如果防腐层和油漆层本身有损伤，就会造成锈蚀 5. 部分控制模块泡水后会失效
三级	$4 < t \leqslant 12$	乘员舱进水，水面在驾驶员座椅垫面以上，仪表工作台以下	除二级损失外，还会造成以下损失： 1. 座椅潮湿和污染 2. 部分内饰的潮湿和污染 3. 真皮座椅和内饰损伤，实木内饰板会分层开裂 4. 车门电动机进水 5. 变速器、主减速器及差速器可能进水 6. 部分控制模块被泡水 7. 起动机被泡水 8. 中高档车行李舱中 CD 换片机、音响功放被泡水

（续）

水损等级	泡水时间 /h	泡水高度	水损分析
四级	$12 < t \leq 24$	乘员舱进水，水面至仪表工作台中部	除三级损失外，还可能造成以下损失： 1. 发动机进水 2. 仪表台中部分音响控制设备、CD 机、空调控制面板受损 3. 蓄电池放电、进水 4. 大部分座椅及内饰被泡水 5. 各种继电器、熔丝盒可能进水 6. 大量控制模块被泡水
五级	$24 < t \leq 48$	乘员舱进水，仪表工作台面以上，顶篷以下	除四级损失外，还可能造成以下损失： 1. 全部电器装置被水泡 2. 发动机严重进水 3. 离合器、变速器、后桥可能进水 4. 绝大部分内饰被泡
六级	$t > 48$	水面超过车顶，汽车被淹没顶部	汽车所有零部件都受损失

注：每一级所对应的损失程度差异较大，在后面损失评估时将进行定性和定量分析。

三、泡水车的损失评估

确定等级后，可参照等级损失率一次性确定损失。

一级：无损失。

二级：损失率为 0.5%～2.5%，定损金额 = 保险金额 × 损失率。

例：一辆保险金额 10 万元的保险车辆发生 2 级水灾损失，定损金额 = 100000×（0.5%～2.5%）=500 元～2500 元。

三级：损失率为 1.0%～5.0%，定损金额 = 保险金额 × 损失率。

例：一辆保险金额 10 万元的保险车辆发生 3 级水灾损失，定损金额 = 100000×（1.0%～5%）=1000 元～5000 元。

四级：损失率为 3.0%～15.0%，定损金额 = 保险金额 × 损失率。

例：一辆保险金额 10 万元的保险车辆发生 4 级水灾损失，定损金额 = 100000×（3.0%～15%）=3000 元～15000 元。

五级：损失率为 10%～30%，定损金额 = 保险金额 × 损失率。

例：一辆保险金额 10 万元的保险车辆发生 5 级水灾损失，定损金额 = 100000×（10%～30%）=10000 元～30000 元。

六级：损失率为 25%～60%，定损金额 = 保险金额 × 损失率。

例：一辆保险金额 10 万元的保险车辆发生 6 级水灾损失，定损金额 = 100000×（25%～60%）=25000 元～60000 元。

根据以上方法确定定损金额后，如被保险人同意，应及时签订纸质一次性定损协议，协议应注明泡水高度、泡水时间、定损金额计算，并要求被保险人签署"同意以上定损金额，由本人自行送修，不再增加任何费用"意见，并及时录入业务系统流转。

四、泡水车的损坏形式

1. 静态进水损坏

汽车在停放过程中被暴雨或洪水侵入甚至淹没，属于静态进水，图 4-3 所示为停车场被淹的图片，属于典型的静态进水。

图 4-3　汽车静态进水

汽车在静态条件下进水，会造成内饰、电路、空气滤清器、排气管等部位受损，有时气缸也会进水。在这种情况下，即使发动机不起动，也可能造成内饰浸水、电路短路、电脑芯片损坏、空气滤清器、排气管和发动机泡水生锈等；对于采用电喷发动机的汽车来说，一旦电路遇水，极有可能导致电路短路，造成无法着火；如果强行起动发动机，极有可能导致严重损坏。就机械部分而言，汽车被水泡过之后，进入发动机的水分在高温作用下，会使内部运动机件锈蚀加剧，当进气行程吸水过多时，容易造成连杆变形，严重时导致发动机报废。

汽车进水后，内饰容易发霉、变质。如不及时清理，天气炎热时，会出现各种异味。

2. 动态进水损坏

汽车行驶过程中，发动机气缸因吸入水而熄火，或在强行涉水未果、发动机熄火后被水淹没（图 4-4）。动态条件下，由于发动机仍在运转，气缸内因吸入了水会迫使发动机熄火。在这种情况下，除了静态条件下可能造成的全部损失外，还有可能导致发动机直接损坏（图 4-5）。

图 4-4　倒车时不慎落水的汽车

图 4-5　动态进水造成发动机直接报废

五、泡水车风险规避

对于普通消费者，判别泡水车是很难的事情。如果不幸从个人处购买到泡水车，也很难通过合同约定进行索赔。消费者购买二手车，除了寻求专业人士陪同外，选择有信誉的商家甚为关键。并且在购买合同上，注明"非水浸车"等条款必不可少。为此，购买或收购二手车时应注意以下的提醒。

（1）是否签订了有问题车的合同　目前，部分省份的工商部门推荐使用的二手车买卖合同上，有明确披露是否事故车一项，包括泡水、严重撞击、火烧、发动机改动都属必须申报之列。合同还规定了违约责任，如果经销商隐瞒事故车，消费者不但有权终止买卖，还可以要求经销商赔偿相关损失。如果条款未能涉及该条款，应附加相应条款。

（2）是否选择了品牌二手车商家　目前二手车市场活跃着大量的个人经纪。这些经纪在一些二手车市场临时租赁一个小的摊位。车主在发现车辆出现质量问题后，想要求索赔，对方早已人去楼空。因此，购买二手车时，要选择有规模的商家，降低购买问题车的风险（图 4-6）。

图 4-6　有规模的二手车商家

（3）对特价二手车应多加警惕　据了解，不少准备购买二手车的车主，普遍都在二手车车行留有联系方式。消费者对于车行的"便宜车"，应多加警惕，避免购买到问题车。

第二节　泡水车的危害及鉴定

虽然国家有规定，泡水车在交易过程中需进行明示，但由于目前国内二手车行情比较混乱，很少有商家会主动明示自己所售车辆为泡水车。因此，如何避免让自己买到泡水车，很多时候还需要靠买家的"火眼金睛"了。

一、泡水车的危害

泡水车一般是指全泡车，也叫灭顶车。如图4-7所示，全泡车是指泡水时，水线超过发动机舱盖，水线达到前风窗玻璃的下沿。这样整个发动机舱都浸泡在水中，绝大部分电气设备、仪表都被水浸泡，当然会造成严重后果。至于浸泡时间长短，一般认为，只要水线达到上述水平，无须考虑泡水时间的长短，即是泡水车，但也有的认为不宜超过10min。

由于车辆被水浸泡，特别是长时间被水浸泡之后，车辆的电路与电器设备会受到极大损害，同时车身部件也会严重腐蚀。而且泡水车维修费用极高，保险公司又不会全额理赔，不少车主为了减少自己的损失，会将泡水车简单维修之后，直接卖掉。

图4-7　泡水车

为了尽可能降低维修成本，泡水车在维修过程中，配件以次充好、偷梁换柱的情况非常普遍。其中，普遍的手法就是车辆电器产品拆开清洗、晒干后继续使用，安全气囊直接拆除不装等。这样"修复"之后的泡水车，绝对就是"金玉其外，败絮其中"，使用过程中就犹如一个"定时炸弹"，什么时候会发生故障没人知道。空调不制冷、音响不出声，这些都算小事儿，行驶中车辆熄火，高速制动失灵也不是没有可能！

识别泡水车不像识别事故车那样，凭经验通过车辆外观的油漆、钣金等能看出区别，一般经过修复的泡水车在外观上是非常难以辨识的。在二手车市场里，辨认是否是泡水车通常很难，在这里介绍几点鉴别泡水车的技巧。

二、通过灯具鉴别泡水车

如图 4-8 所示,前后灯具是最重要的细节,首先就是看前后灯组内部,特别是银色灯碗的地方,是否有被水泡过而泛黄的印记。

> 车辆前后灯组的新旧程度应该与整车年款相符,如果太新,可能是被换过的。同时,可以留意内部银色灯碗处是否有水渍或泛黄的情况,以判定灯具是否被水浸泡过。

图 4-8 灯具状况的识别

同时,也可以看一下车辆的前后灯组是不是"新得过分"。如果前照灯组的新旧程度与车辆年款明显不符合,您就需要多留一个心眼儿。不少维修厂为了提高车辆卖相,会直接把泡水后的灯组整套更换。当然,更换上去的配件,绝大部分可能都是非原装厂的。

还有一个小窍门就是看雾灯(图 4-9),雾灯是车辆外观上被关注度最少的一项配置,绝大部分修理厂对它的理解是能亮即可。因此,就算这台泡水车在维修的时候将前后灯组整体都换新的,也很少有人会去想到更换雾灯。因此雾灯是否有进水的痕迹,也是辨别泡水车的一种方法。注意:由于雾灯位置普遍较低,有些车辆过涉水路段时,雾灯也可能会进水。因此,看雾灯也仅仅是一种参考手段。

> 出于"卖相好"的原因,车辆前后灯组在维修过程中很有可能被更换,但关注度较低的雾灯就很容易被忽略了。因此看雾灯内是否有水渍,也不失为一种判别方法。
> 注意:由于雾灯位置普遍较低,有些车辆过涉水路段时,可能会导致雾灯进水,因此,看雾灯也仅仅是一种参考手段。

视频 40
二手车雾灯的检查

图 4-9 识别雾灯的状况

三、通过行李舱鉴别泡水车

打开行李舱并掀起盖板（图 4-10），看看角落处是否有水迹，并观察随车工具的锈蚀情况（图 4-11）。此外，如果这台车的备胎很新，但钢轮毂却有明显锈蚀的话（图 4-12），证明它的行李舱曾经有过积水，很有可能是泡水车。

掀开行李舱内的装饰盖板，并取出放工具的泡沫块，看角落处是否有水泡的痕迹，图中这样的就不用说什么了吧。

图 4-10　盖板下面的情况

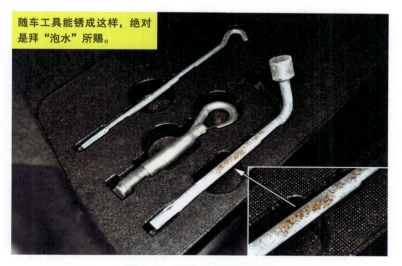

随车工具能锈成这样，绝对是拜"泡水"所赐。

图 4-11　随车工具锈蚀严重

如果备胎很新,而钢圈上又有明显锈蚀情况,很有可能是此处被水浸泡过所导致的。

图 4-12　备胎情况的检查

四、通过内饰鉴别泡水车

1. 闻味道鉴别泡水车

如图 4-13 所示,内饰的检查可以通过闻味道、看金属件锈蚀情况来进行。判断是否是泡水车,进入车内后最简单的办法就是闻味道。因为泡水车就算内饰经过全面清洗后,依旧会有一股霉味(图 4-14),并且座椅内的海绵轻轻一碰就会掉(图 4-15),大家只要坐在车内仔细闻一下就可以了。当然,也不排除有部分车商为了掩盖霉味,会在车内喷香水。因此,您在选购二手车时,如果碰到车内特别香的,也需要多留个心眼儿。

经过清洗后的泡水车,内饰表面上看着非常光鲜亮丽,但通过对细节之处的观察,还是能看出问题来。

图 4-13　内饰的检查

第四章　教您鉴定泡水车

最直接的办法就是闻味道，一般被水泡过的车辆就算清洗和晒干后，车内依旧会有一股霉味，也有部分车商为了掩盖这种霉味，会在车内使用香水或者空气清新剂。因此，不管是有霉味或闻着特别香的车大家都需要留个心眼儿。

图 4-13　内饰的检查（续）

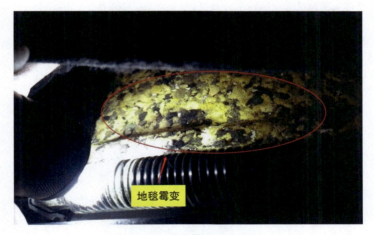

图 4-14　地毯霉变发出异味

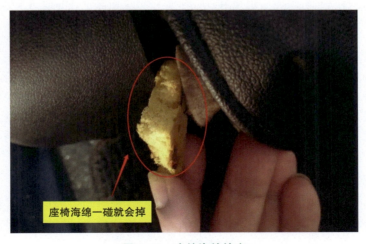

图 4-15　座椅海绵检查

2. 车室内铁件检查鉴别泡水车

可以观察座椅底部的金属支架及车内其他金属裸露部分（图4-16），如果有比较明显的锈蚀情况，就基本能确定这些地方是被水浸泡过的。当然，如果这个东西特别新，一点儿灰尘都没有，可能说明它被换过，也需要注意。

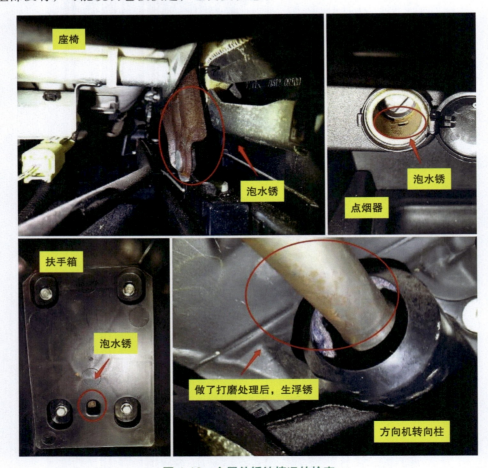

图4-16 金属件锈蚀情况的检查

泡水锈的特点是：①锈斑成片状；②颜色鲜艳；③用手很难擦掉。但不是所有的泡水车都能看出锈迹来，因为有些泡水车会做精修处理。如一台RAV4车座椅、点烟器、扶手箱、天窗都有泡水锈，但是看泡水车最关注的地方：方向机转向柱和中控台横轴就没发现明显的锈迹，这是因为做了精修处理，也说明做精修的人懂心理学，你越是要怀疑的地方就越精修，让此处和能看到生锈的地方形成对比，迷惑你。看到有泡水锈的时候，还要加以区别是否是天窗漏水、潮湿环境、饮料撒在车内等造成的。

3. 座椅及安全带检查鉴别泡水车

接下来看座垫填充物的手感（图4-17），还要观察安全带的清洁程度（图4-18）。目前，市面上绝大部分车所采用的座椅内部填充物都是发泡海绵，这种材料在经过浸泡、清洗和晒干后，弹性会变差手感也会发硬，可以通过用力按或者捏座椅边缘的方法来判别。

视频 41
二手车安全带的鉴定

目前市面上绝大部分车型的座椅填充物都是发泡海绵,经过泡水并晒干后,手感会发硬,缺乏弹性。因此,按压座椅座垫,通过手感差异就能做出判断。

图 4-17　检查座垫填充物的手感

霉斑

安全带是泡水车做内饰清洁时比较容易忽视的地方,如果这里有大量霉斑,也就说明该车曾经被水泡过。

图 4-18　安全带的检查

安全带在泡水车清洗时是一个比较容易忽略的地方,这也给泡水车的鉴别提供了一个机会。经过污水浸泡后的安全带,上面会留有较明显的水迹,而且不容易被清除,会产生霉斑(图 4-19),因此我们可以通过观察安全带,来判断该车的泡水深度。

4. 车内泥土检查鉴别泡水车

如图 4-20 所示,车内泥土的检查,主要看线束管里面是否有泥沙沉淀。首先,我们要学会区别灰尘和泥土。灰尘是飘落着的粉尘,一般比较松散,颗粒比较细小,无杂质,颜色浅淡,黏附力不强,厚度一般也不会太厚且均匀。泥土是泥水砂石混合物干燥后的固体物,一般呈块状,颗粒比较大且不均匀,伴有小砂石等杂质,颜色较深,黏附力比灰尘强,厚度不均匀。

图 4-19 安全带霉斑清洗后留下的痕迹

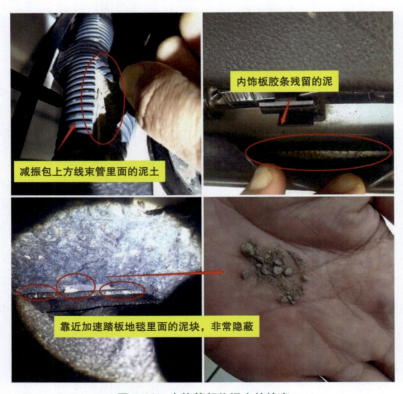

图 4-20 内饰等部位泥土的检查

5. 车内植绒地毯检查鉴别泡水车

如图 4-21 所示,车内植绒地毯也是一个重要的观察点。我们可以通过用手触摸的方式进行判断,主要留意地毯的毛是否柔顺、有无被刷子刷过后起球的情况。正常的地毯,应该手感比较柔软、细腻,而经过水洗后,摸上去手感会发硬、发涩。

第四章 教您鉴定泡水车

被水泡过的植绒地毯，经过清洗之后，视觉上与正常的地毯差异不大。但摸上去的手感则不再柔顺，有种发硬、发涩的感觉。而且由于清洗时会使用毛刷，地毯表面难免会有"起球"的现象。

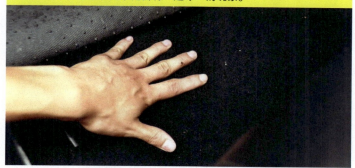

图 4-21　车内植绒地毯的检查

6. 车内电器设备试用鉴别泡水车

最后一步则是对车内电器设备（图 4-22）进行试用，主要观察液晶显示屏的显示效果，是否有亮暗不均或色斑出现；按键、旋钮的手感是否与新车有差异；是不是有大量按键存在手感生涩或回弹无力的情况出现。检验前买家可以去 4S 店体验一下同款新车的按键手感，让自己能产生一个比较准确的对比和判断。

试用车内电器设备，观察液晶显示屏有无亮暗不均或色斑的出现，因为出于维修成本考虑，这类多媒体导航设备一般都是只修不换！

图 4-22　车内电器设备的检查

7. 车门槛条饰板内部检查鉴别泡水车

　注意：以下内容对于普通检查人员可能是无法完成的。首先是扒开车门槛条旁的饰板，观察车辆线束的捆扎是否工整（图 4-23），电线上是否有水渍残留。之后，可以扒开 A 柱、B 柱以及车顶饰板，查看安全气囊是否还在。因为出于维修成本的考虑，泡水车在维修过程中线束一般都不会进行更换，晒干后继续使用。

8. 安全气囊检查鉴别泡水车

如图 4-24、图 4-25 所示，安全气囊由于价格昂贵，一般都是直接拆了不装。碰到人

133

品好的维修厂，最多也只会装上前排双安全气囊，侧气帘就别想了。绝大部分泡水车车主，都想把车修复后，直接转手卖出，因此一般都会默许维修厂这样的修理方式。

扒开车门槛条边缘的饰板，观察线束捆扎是否工整。
（注：这台车很奇怪，明显泡过水，但线束却是完好干净的，难不成整体更换过，照理说维修厂是不会做这样亏本生意啊！）

图 4-23　车门槛条旁的饰板内线束的检查

安全气囊，由于价格昂贵，在泡水车维修时常见的做法是直接拆了不装，特别是安全气帘、侧气囊这些关注度很低的东西。
由于这台车被淹深度仅到门把手位置，因此侧气帘未受波及。

图 4-24　侧面安全气囊的检查

碰到有良心的维修厂，泡水车修复后前排双安全气囊或许会被保留下来，不过，真到关键时候是否能起作用，真的不清楚了，泡水车的电路谁都不敢打包票！因此建议大家千万别贪便宜，尽量别买泡水车。

图 4-25　驾驶员安全气囊的检查

五、通过底盘鉴别泡水车

检验人员也可以趴下来从车尾部观察底盘件的锈蚀情况（图4-26）。不过，这对于绝大部分没有汽车维修相关经验的朋友来说有点困难，而且趴在地上也未必能够完全看清楚底盘全貌。最好的办法还是找一个熟悉的修理厂，把车顶起来。此时，比较易于从底盘锈蚀情况来鉴别泡水车。

通过底盘判断泡水车是一个直观的好方法，最好的办法是将车辆架起来看，不过一般二手车经销商除非是面对老客户或者付定金的高度意向客户，不然很少会愿意将车辆开往修理厂配合看底盘。

图4-26　底盘粗略检查

正常车辆底盘件在日常使用时也会被雨水侵袭，但为何不会出现严重锈蚀的情况呢？这是由于绝大部分车辆底盘件在出厂时都会喷上防锈涂层，该涂层能抵挡"飞溅式"的雨水侵蚀。因此非泡水车的底盘件正常情况下不会有严重锈蚀情况发生。而泡水车由于底盘长时间（超过5~6h）在混杂泥沙的脏水中浸泡，防锈涂层遭到破坏，因此泡水车的底盘件锈蚀（图4-27）会相对严重。

看底盘是判断泡水车最直观、最快捷的方法。图中这样发动机油底壳、变速器油底壳等，这些铝制部件上面都有类似"发霉"的情况，就是说明该车被泡过水的有力证据。

图4-27　底盘锈蚀情况检查

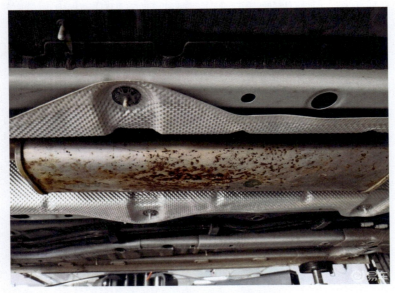

图 4-27 底盘锈蚀情况检查（续）

对汽车底盘部分的检查，首先是看发动机油底壳、变速器油底壳等，这些铝制部件是否有类似"发霉"的情况，其次则看排气管的锈蚀情况（图 4-28），一般车辆经过长时间使用，经过雨水的侵蚀，排气管有轻微锈蚀或者泛红是正常的，但出现图 4-28 中这样严重的锈蚀情况，就证明该车一定是被水泡过的。

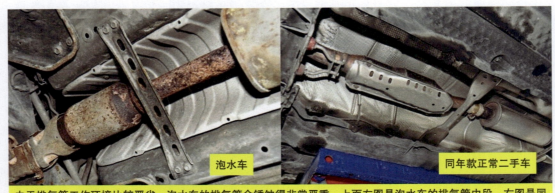

由于排气管工作环境比较恶劣，泡水车的排气管会锈蚀得非常严重，上面左图是泡水车的排气管中段，右图是同年款正常车况的排气管，两者差异一目了然。

图 4-28 排气管的锈蚀

此外，观察悬挂组件的固定螺钉和制动挡板的锈蚀情况（图 4-29），也是判断是否是泡水车的好办法，因为正常情况下，这些部件都很少会生锈。如图 4-30 所示，也可以顺便看一下行李舱底部"排水塞子"的情况。

第四章 教您鉴定泡水车

泡水车　　同年款正常二手车

悬挂组件的固定螺钉与制动挡板正常情况下是不应有锈蚀情况发生的，像上图（左）中，这样严重的锈蚀，就能证明这台车 100% 是泡水车。

图 4-29　观察悬挂组件的检查

行李舱底部有两个这样的"排水塞子"，如果有打开过的痕迹至少能证明这车行李舱有过积水，但未必能证明这就是台泡水车。很多时候，车辆天窗排水管漏水，导致备胎仓积水，维修厂也会通过打开该"排水塞子"进行排水，而这种问题在老车上很普遍。

图 4-30　行李舱底部"排水塞子"的检查

六、通过发动机鉴别泡水车

发动机是车辆的心脏没错,但要想在这里找出判断是否是泡水车的证据,其实并不容易。因为车辆经过维修之后,类似机油、制动液、冷却液等都会被及时更换(图4-31),再加上目前大部分车都有发动机装饰罩,因此很难从表面上找到泡过水的痕迹。

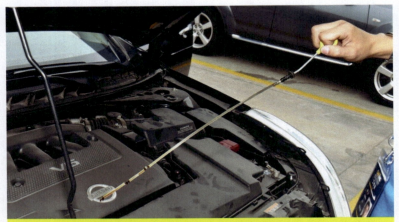

查看机油、制动液等传统方法来判断泡水车并不管用,因为在维修过程中,为了保证车辆能顺利发动并行使,这些油液基本都会被更换掉。

图 4-31　常规油液检查

发动机舱零部件排列很密集,防火墙的位置在最内侧(图4-32),可以通过检查发动机舱内防火墙以及熔丝盒(图4-33)的情况,来进行进一步的判断。其实,只要车辆在水中没有二次发动,一般情况下发动机并不会留下内伤,大家可以放心。

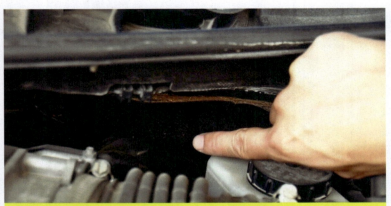

发动机舱内,可以通过观察发动机舱与驾驶舱之间的防火墙,看这上面是否有水渍,从而可以判断该车的泡水深度。因为在维修时,此处一般不会更换,甚至连清洗都不一定会做。

图 4-32　发动机舱内防火墙的检查

看熔丝盒内是否有水渍与锈蚀的情况。

图 4-33　熔丝盒情况的检查

七、通过维保记录鉴别泡水车

通过检查车辆在 4S 店的维保记录（图 4-34），没有查出什么问题。后面检验员去确认是否是泡水车的时候，重新查了一下维保记录，发现是全损车。维保记录仅供参考，不能作为绝对的依据。曾遇到过一台 2018 款的凌派，查出是全损车，但此车只有小部分漆面做漆，去 4S 店查验车况也没曾问题。虽说维保记录仅供参考，但是对于有记录的地方我们要多看多思考。

通过前面外观、内饰再到底盘的判断，这台车是不是泡水车已经很明确了，不管发动机状态如何，只要是泡水车，建议如果不是知根知底的车别买。因为泡水车的潜在危险主要存在于电路系统中（图 4-35、图 4-36），而非发动机、变速器这些机械部件上。

在购车过程中，大家除了自己需要具备一定的识辨能力外，选择正规、可靠、有口碑的二手车商也很重要。还有一点就是千万别贪小便宜，如果发现某台车车况特别好，且一点碰撞痕迹都没有，而车价又特别便宜的话就需要多留意了，很有可能会是泡水车。毕竟大家都说"买的没有卖的精"。

图 4-34　维保结果的查询

对绝大部分普通消费者来说,如果在选购二手车的过程中,发现您看上的爱车,同时出现多处类似文中提到的:车内有霉味、座椅海绵手感发硬以及金属件锈蚀等"泡水迹象"的话,给买家的建议就是直接放弃这台车。

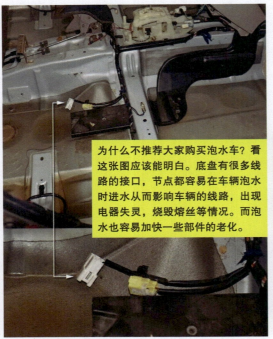

为什么不推荐大家购买泡水车?看这张图应该能明白。底盘有很多线路的接口,节点都容易在车辆泡水时进水从而影响车辆的线路,出现电器失灵,烧毁熔丝等情况。而泡水也容易加快一些部件的老化。

像这部分线束有一段还在水里浸着。

汽车底盘上的这些孔洞、缝隙很多,脏水进入这里后很难清理,甚至可以说是没法清理……最常见到的方法就是暴晒!但暴晒后仍然很可能出现各种臭味儿、霉味儿。

图 4-35 泡水车对于汽车电器系统的危害

第四章　教您鉴定泡水车

这个东西大家不常见，见到的一般都是它伸出来的样子……它是安全带的预紧控制装置。

预紧式安全带（PRETENSIONER SEAT BELT），也称预缩式安全带。这种安全带的特点是当汽车发生碰撞事故的一瞬间，乘员尚未向前移动时它会首先拉紧安全带，立即将乘员紧紧地绑在座椅上，然后锁止安全带防止乘员身体前倾，有效保护乘员的安全。

预紧式安全带中起主要作用的卷收器与普通安全带不同，除了普通卷收器的收放安全带功能外，还具有当车速发生急剧变化时，能够在 0.1s 左右加强对乘员的约束力，因此它还有控制装置和预拉紧装置。

图 4-36　安全带收紧器失效

第五章　教您鉴定调表车和过火车

第一节　教您鉴定调表车

通常意义上,二手车的使用年限和行驶里程(图5-1)决定了它的车况和性价比。决定二手车价格因素的重要三点:里程、年限和车况,但是后两项均无法以低成本改动,想把车卖一个更好的价格只能在里程上面动手脚了。

视频 42
二手车调表的鉴定

图 5-1　新车的里程显示

现在二手车调表的方法越来越便捷,而且成本仅需几百元就可以让二手车售价提升不少,所以一些不法商贩对调表乐此不疲。

一、汽车里程表调校原因

1. 里程表调低

1)为了牟取卖车利润,将里程表(图5-2)进行回调。

2）4S 店新车。正常 4S 店新车都是有一定里程的，大概 3km 左右，但由于运输或是不正常行驶，导致车辆里程数变多，为了不影响后期销售，将里程数进行调低。

3）新车。私家车主免费保养期内调表换取保养次数。

2. 里程表调高

某些汽车驾驶员为了牟取车辆补贴，将里程表进行调高。

图 5-2　车辆行驶里程

二、里程表调校方法

1. 跑表器

找到车辆的速度传感器，一般安装在变速器附近。速度传感器一般有三根线或者两根线的。然后把跑表器直接插入点烟器，连接跑表器和跑表器延长线，打开点火开关，旋转一下，调动跑表器的按钮，进行速度调整。

这个是比较复杂的方法。目前，很多跑表器的使用非常简单，就是一个 OBD 的接口（图 5-3），用它跟汽车 OBD 相连接。读取里程数据并做更改（图 5-4），无需拆仪表盘，简单便捷，但是这种方法也有局限性，不是所有的车型都能通过这种方式调整，一般都是一款仪器对应一种品牌部分车型。

2. 更改仪表电路 CPU 存储器数据

如图 5-5 所示，卸下仪表盘并拆开。小心把表针拔下（注意：有些里程表可以不用拔下表针）。在仪表电路板 CPU 的附近找到存储器（图 5-6），一般为 8 个引脚的 IC。用工具焊下存储器。把存储器安放到汽车编程器上读取里程数，然后进行原仪表数据备份，再进行里程数的数据修改。

图 5-3　OBD 调表器

图 5-4　调表过程

图 5-5　拆卸仪表盘

图 5-6　仪表 CPU 的存储器

3. 电脑调表器

设备数据线直接跟车辆 OBD 进行连接，通过选取仪表里程调校，选择相应的车型，进入车型后，进行里程数更改。图 5-7 所示为里程数的调整前后。

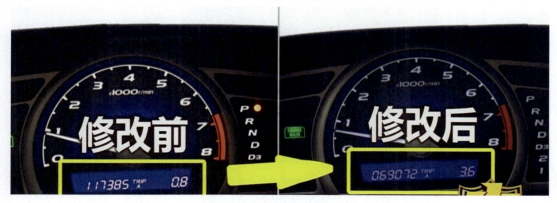

图 5-7　里程数的调整前后

三、里程表调校鉴别方法

1. 查询 4S 店维修保养记录

直接去 4S 店查询该车的维修保养记录（图 5-8），是最简单、最直观的方法。同一品牌汽车 4S 店内的汽车维修和保养记录都是数据库共享的，即便是所查二手车过了质保期，车主也可以尝试查询保险公司等其他途径来获取真实的里程数。

目前，有很多网站可以查询车辆的维修保养记录，比如说“车鉴定”，可以通过查询记录辨别车辆的里程数是否调整。同时，在检测车辆时，还可以查勘车辆的保险记录，保险记录上同样也会记录车辆的里程数，根据日期进行实际比对。

2. 制动盘磨损程度

如果一辆使用了 5 年以上的车辆的制动盘（图 5-9）很新，可能这辆车已经更换过制动盘了，它的行驶里程数肯定超过 10 万 km。正常新换的制动片如图 5-10 所示，厚度大约在 1 ~ 1.5cm 左右。

在试驾二手车时要留意车速提高时，车身与方向盘是否会出现抖动加剧现象，抖动越明显，说明这辆车的磨损程度也就越高。

中国移动 4G　下午10:09　14%

历史车况报告

解析快读版	维保数据	碰撞数据
2015-03-30	67000 km	正常数据
2015-03-31	67000 km	正常数据
2015-04-23	76000 km	正常数据
2015-11-21	80000 km	正常数据
2016-01-24	86600 km	正常数据
2016-05-13	90500 km	正常数据
2017-07-05	62542 km	异常数据
2018-01-21	95141 km	正常数据
2018-01-22	95141 km	正常数据
2018-07-05	69248 km	异常数据
2019-01-23	95141 km	正常数据

图 5-8　4S 店维修保养记录

图 5-9　制动盘磨损程度

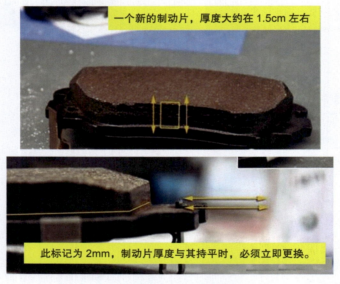

图 5-10　制动片的更换标准

3. 轮胎磨损程度

驾驶经验丰富的车主都熟知，汽车轮胎的平均使用里程数大概在 5 万 km 左右。如果车辆轮胎的花纹扁平或者边缘棱角全无，说明这辆车已经跑了不少路程。提醒鉴定人员，一定要同时查看四条轮胎的磨损和新旧程度。

每条轮胎都会有出厂日期。如图 5-11 所示，编号 X3617 表示此胎生产于 2017 年第 36 周。所有车胎型号都是周份在前年份在后。如果里程数少的二手车，看里程数是否实数，只需对应轮胎日期即可。如果你购买的二手车刚刚行驶 3 万 km，你看轮胎却是晚于汽车出厂日期，那这个里程数就可能会有"猫腻"，可能调过表了。轮胎更换里程大约为 6 万～8 万 km，所以买年份稍远的二手车根据这个计算也可以算出里程表显示是否实数。

比如一台马自达 3 的全车轮胎都是 2017 年换的，正常轮胎寿命跑 6、7 万 km 没问题，这车四条轮胎看起来很新，胎痕很深的，说明从换了到现在两三年的时间没跑什么路，如果你发现刚换两三年的轮胎已经磨得很多了，需要更换，这个里程数，基本平均每年不会少 2 万～3 万 km 的。所以说单纯通过这台车的轮胎，也能估算出来，这辆车近几年没跑什么路。

图 5-11　轮胎的生产日期

4. 内饰磨损程度

首先要明白一点，行驶里程越长的车子，其内饰的老化程度也就越厉害。因为人们在行驶过程中，不可避免要接触车厢内饰以及各种开关旋钮。

可重点检查车辆变速杆下面的防尘套处、门板和拉手、中控台功能键、扶手箱、座椅边缘处的磨损以及油光程度，以此大致判断车辆的里程数长短，一辆车的内饰新旧程度基本上跟车辆行驶里程成正比。

一般来讲，10 万 km 以内的方向盘（图 5-12）、座椅（图 5-13）、变速杆（图 5-14），基本上是没什么磨损的，但是 10 万 km 往后，12 万～13 万 km 这个样子，方向盘、变速杆这些位置会开始有磨损了，座椅也是一样的，基本 5 万 km 左右里程数等于新车，10 万 km 以内也几乎零磨损的，10 万～15 万 km 开始有轻微磨损，这是一个鉴别的小细节。而且内饰的更换成本比较大，一般人即使想让车辆显得新一些，也很少会更换所有的内饰件。

图 5-12　方向盘磨损程度

图 5-13　座椅磨损程度

图 5-14　变速杆磨损

5. 分辨方向盘及踏板磨损度

方向盘和加速踏板、制动踏板及离合器踏板（图 5-15）的磨损程度，都反映了车辆的使用频率高低。尽管方向盘套的使用会在一定程度上减少磨损，但是中央扶手、变速杆、仪表盘塑料旋钮的磨损程度却很容易被发现。

图 5-15　不同磨损程度的踏板

如图 5-16 所示，注意观察，这种图片有一个很大的特点：方向盘中间的磨损与外侧磨损程度不同，而且颜色明显不一致，方向盘是后包的（图 5-17），这样的车评估师们要特别注意，首先它行驶的里程会很高，如果遇到这样的车，行驶里程又很少，评估师需要特别注意。

图 5-16　方向盘中间与外侧磨损程度不同

图 5-17　方向盘套缝制过程

不过，部分调表车的塑料部件被涂上了仪表板蜡，车主千万不要被光鲜的蜡层蒙蔽。任何评估方法都不是单一进行应用，要想准确识别车辆里程表是否调校，需要综合进行判断。

第二节　教您鉴定过火车

如图 5-18 所示，汽车无论是由于自燃还是外燃，只要在发动机舱或乘员舱发生严重火烧，燃烧面积较大，机件损坏较严重，就应列为事故车。火烧是个极严重的事故，经火烧后，机件很难修复。但对于局部着火，过火的只是个别的非主要零、部件，并在极短时间内熄灭，主要机件未受到影响的，经修复换件后，可以不算过火车辆。

图 5-18　过火事故车辆

一、汽车起火的类型

汽车起火尽管原因复杂，但就其实质而言，不外乎火源（着火点）、可燃物、氧气（或空气）这三大因素。围绕这几点，结合汽车结构，基本可以分析出汽车起火的真实原因。

1. 自燃

根据保险条款的解释，所谓自燃（图 5-19），是指机动车在没有外界火源的情况下，由于本车电器、线路、供油系统等车辆自身原因发生故障，或所载货物自身原因起火燃烧的现象。

2. 引燃

如图 5-20 所示，引燃是指机动车在停放或者行驶过程中，因为外部物体起火燃烧，使车体乃至全车被火引着，导致部分或全面燃烧。

图 5-19　汽车行驶中自燃

图 5-20　充电引发其他车辆燃烧

3. 碰撞起火

碰撞起火是指机动车在行驶过程中，因为发生意外事故而与固定物体或者移动物体相碰撞，假如机动车采用汽油发动机，碰撞程度又较为严重，引起部分机件的位移，挤裂了汽油管，喷射而出的汽油，遇到了运转着的发动机所发出的电火花，就会导致起火燃烧；或者位移的机件导致线束短路，也有可能引发线束燃烧起火，从而引燃整个汽车（图 5-21）。

4. 机械故障导致起火

由于汽车上有许多高速运转的机件（如轴承），还有会在工作过程中不断产生摩擦热量的机件（如制动蹄片、轮胎），假如这些机件发生故障导致无法分离或者损坏，那么就会产生大量的摩擦热量，从而导致起火。

图 5-21　汽车碰撞起火

5. 经停不当导致汽车起火

如图 5-22 所示,如果汽车正常行驶或停车,不可能引起外界物体的起火。但假如停在了干草之上,或者在行驶时传动轴上被缠绕进去了易燃物品,那么炽热的排气管就完全有可能引燃易燃物,从而导致整个汽车的起火。

图 5-22　经停不当导致汽车起火

6. 爆炸

如图 5-23 所示,爆炸起火就是因为车内、车外的爆炸物起爆所引发的机动车起火燃烧。包括车内安置的爆炸物爆炸引爆,车外爆炸物爆炸引爆,车内放置的打火机、香水、摩丝等被晒爆引爆,车载易爆物爆炸引爆等多种形式。

7. 雷击起火

如图 5-24 所示,雷击起火就是机动车在雷雨天气里被雷电击中而起火燃烧的现象。

图 5-23　爆炸引发火灾

图 5-24　雷击引发汽车着火

二、火灾车鉴别

1. 闻气味

嗅觉是最直观的判断方法之一，车友们应该都知道，现在的车子都会有真皮材质或塑料制品，如果车子曾发生过火灾，真皮或塑料被烧焦的刺鼻味道是很难被彻底消除的，大家在检查的时候，如果车内香水和除臭剂用量很多，或者综合气味很复杂奇怪，就要小心车贩子是在掩饰某些气味。

2. 看外观

视觉观察同样是最直观的判断方法。检查发动机舱内外是否有新近喷漆的现象，检查发动机舱死角是否有熏黑或者是残留灭火器粉末（图 5-25）的现象。仔细检查车身，重点观察车子侧面的车门和前后翼子板外表面是否有油漆起伏痕迹、车身油漆颜色和光泽是否均匀，相关部位是否有烧黑现象（图 5-26）。这类油漆主要是为了掩盖火烧后的汽车表层，如果有的话，就要高度警惕了。

图 5-25 发动机舱内有大量白色粉末

3. 看内饰

内饰主要指地板，座椅，中控台等有塑料和真皮的地方，如果车内火灾不算太大，车贩子就不会对这些地方进行太细致的处理，这时候往往就会留下细微熏黑的痕迹，或烧焦后的瘤状残迹，只要用心观察就能辨识。另外，必须仔细检查行李舱内饰是否整体大量更换，线束是否更换过。

图 5-26　发动机舱盖上有烧黑的痕迹

4. 观察防火墙

汽车上的防火墙就是前围板内外的防火材料，位于驾驶舱与发动机舱之间的，石棉质地，仪表台内部也有。其实它虽然叫防火墙，防的很大程度上是暗火，明火还是没有办法防止的。所以，车子一旦发生过火灾，防火墙上一定会有火烧或者被熏黑的痕迹（图 5-27），此时必须仔细检查发动机电器件是否有大量更换现象。

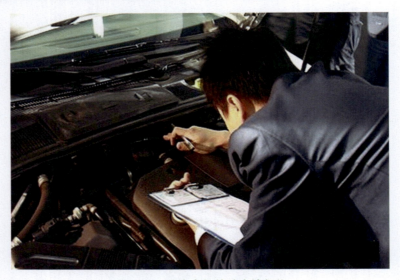

图 5-27　观察车辆的防火墙部位

5. 检查熔丝盒

如图 5-28 所示，汽车失火的一大原因就是线路发生短路而引起的，所以如果线路发生过短路情况，熔丝盒一定就会被更换，所以大家在检查的时候，打开发动机舱盖，观察发动机舱内的熔丝盒和驾驶舱内的熔丝盒（图5-29），如果被更换或者上面有熏黑的痕迹，可能这辆车子曾因为短路而失火过。

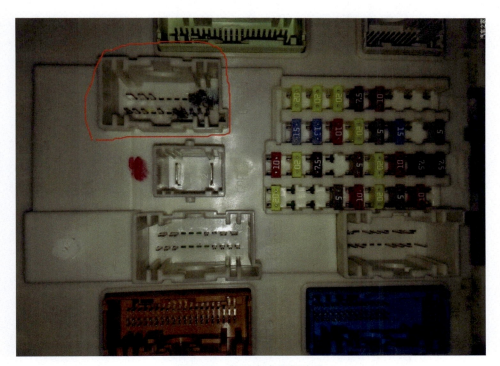

图 5-28　熔丝盒内烧坏痕迹

图 5-29　熔丝盒的检查

6. 检查车身线束

如图 5-30、图 5-31 所示，车辆起火，线束被烧一定是不可避免的，甚至会殃及其他部位，如塑料的进气歧管（图 5-32）。检查发动机舱线束是否存在更换迹象，检查发动机舱盖保温板是否异常崭新，仔细观察车内线束，如果有更换过，再仔细检查线束接口是否有焦糊味以及熏黑颜色，从而判断车辆是否发生过火灾。当然，对于如图 5-33 所示的发动机线束烧损的情况，必须进行这部分线束的更换才能恢复发动机的功能。

图 5-30　起动机及相关线束烧毁

图 5-31　线束烧毁

图 5-32 进气歧管烧毁

图 5-33 发动机线束烧损

第六章　教您评估二手车

> 评估指评定估算。评定估算工作就是对被评估车辆所收集的数据资料、技术鉴定资料进行整理,根据评估目的选择适用的估价标准和评估方法,本着客观、公正的原则,对车辆进行评定、估算,确定评估结果。

第一节　二手车成新率的确定

成新率是反映二手车新旧程度的指标。二手车成新率是表示二手车的功能或使用价值占全新机动车的功能或使用价值的比率,也可以理解为二手车的现时状态与机动车全新状态的比率。成新率是重置成本法的一项重要指标,科学、准确地确定该项指标是二手车鉴定评估师,在评定二手车价值中的重点及难点。

一、二手车评估的基本方法

根据二手车价格估算目的的不同,二手车价格评估可分为鉴定评估服务和收购评估两种。二手车鉴定评估服务是一种第三方中介资产评估,其价格评估方法和资产评估的方法一样,按照国家规定的重置成本法、收益现值法、现行市价法和清算价格法四种方法进行,评估价格具有约束性。二手车收购评估是二手车经营企业为了自身发展需要而开展的业务,收购估算价格由买卖双方自由确定,具有灵活性。

二、成新率的计算方法

成新率与有形损耗一起反映了同一车辆的两方面。车辆的有形损耗也称为车辆的实体性贬值,它是由于使用磨损和自然损耗形成的。成新率和有形损耗率的关系为

$$成新率 = 1 - 有形损耗率$$

目前,在二手车鉴定评估中,常用成新率的计算方法可分为使用年限法、行驶里程

法、部件鉴定法、整车观测法、综合分析法和综合成新率法六种，在实际评估过程中，可根据被评估车辆的客观情况，灵活选用不同的成新率计算方法。

三、成新率计算方法的选择

1. 使用年限法

（1）计算方法　使用年限法是通过确定被评估二手车的尚可使用年限与规定使用年限的比值，来确定二手车成新率的一种方法，其计算公式为

$$C_Y = \frac{Y_G - Y}{Y_G} \times 100\% = \left(1 - \frac{Y}{Y_G}\right) \times 100\%$$

式中　C_Y——使用年限成新率；
　　　Y——二手车实际已使用年限（年或月）；
　　　Y_G——车辆规定的使用年限（年或月）；
　　　$Y_G - Y$——被评估二手车的尚可使用年限（年或月）。

使用年限法估算二手车的成新率是基于这样的假设：二手车在规定的使用寿命期间实体性损耗与时间呈线性递增关系，二手车价值的降低与其损耗大小成正比。因此，可利用被评估二手车的实际已使用年限与该车型规定使用年限的比值，来判断其实体贬值率，进而估算被评估二手车的成新率。

（2）已使用年限与规定使用年限

1）已使用年限。已使用年限是代表汽车运行量和工作量的一种计量方法，这种计量方法是以汽车正常使用为前提的，包括正常的使用时间和使用强度。已使用年限一般取该车从新车在公安交通管理机关注册登记日起至评估基准日所经历的时间。这个时间可以用年或月或日为单位计算。实际计算中，评估基准日并不恰好与注册登记日同日，如果以年为单位计算实际已使用年限，结果误差太大；如果以日为单位计算实际已使用年限，需要精确计算实际已使用天数，结果精确，但工作量较大，比较麻烦；一般以月为单位计算实际已使用年限，即将已使用年限和规定使用年限换算成月数，这样，计算简单，结果误差也较小，比较切合实际。

从理论上讲，综合考虑已使用年限和行驶里程数要符合实际一些，即汽车的已使用年限应采用折算年限，即

$$折算年限 = \frac{总的累计行驶里程}{年平均行驶里程}$$

2）规定使用年限。车辆规定使用年限是指《机动车强制报废标准规定》中对被评估车辆规定的使用年限。各种类型汽车规定使用年限应按《机动车强制报废标准规定》的规定执行。对于标准中无报废年限规定的车辆，在进行成新率计算时，通常取15年。

根据《关于调整汽车报废标准若干规定的通知》的规定执行，各类汽车规定使用年限见表6-1。

表 6-1 各类汽车规定使用年限

车型	使用年限 / 年
一般非运营性 9 座（含 9 座）以下载客汽车	15
旅游载客汽车和 9 座以上非运营载客汽车	10
载货汽车（不含微型载货汽车）	10
微型载货汽车和各类出租汽车	8

（3）使用年限法的前提条件　使用年限法计算成新率的前提条件是车辆在正常使用条件下，按正常使用强度（年平均行驶里程）使用。我国各类汽车年平均行驶里程见表 6-2。

表 6-2　我国各类汽车年平均行驶里程

汽车类别	年平均行驶里程 / 万 km
微型、轻型载货汽车	3～5
中型、重型载货汽车	6～10
私家车	1～3
公务、商务用车	3～6
出租车	10～15
租赁车	5～8
旅游车	6～10
中、低档长途客用车	8～12
高档长途客用车	15～25

利用使用年限法计算得到的成新率，实际上反映的是车辆的时间损耗及时间折旧率，与车辆的日常使用强度和车况无关。如果车辆的日常使用强度较大，在运用使用年限指标时，应适当乘以一定的系数，如对于某些以双班制运行的车辆，其实际使用时间为正常使用时间的两倍，因此该车辆的已使用年限应是车辆从开始使用到评估基准日所经历时间的两倍。

（4）案例分析（使用年限法计算二手车成新率）　某桑塔纳家用车初次登记日 2016 年 2 月，评估基准日 2019 年 5 月，应用使用年限法计算成新率。

解：该车已经使用年限 $Y = 39$ 个月

其规定使用年限（按家用车）为 $Y_G = 180$ 个月

$$C_Y = \frac{Y_G - Y}{Y_G} \times 100\% = \frac{180 - 39}{180} \times 100\% \approx 78.3\%$$

该车的使用年限成新率为 78.3%。

2. 行驶里程法

（1）计算方法　行驶里程法是通过确定被评估二手车的尚可行驶里程与规定行驶里程的比值，来确定二手车成新率的一种方法，其计算公式为

$$C_S = \frac{S_g - S}{S_g} \times 100\% = \left(1 - \frac{S}{S_g}\right) \times 100\%$$

式中　C_S——行驶里程成新率；

S——二手车实际累计行驶里程（km）；

S_g——车辆规定的行驶里程（km）；

$S_g - S$——被评估二手车的尚可行驶里程（km）。

（2）累计行驶里程与规定行驶里程

1）累计行驶里程。二手车累计行驶里程是指被评估二手车从开始使用到评估基准时点所行驶的总里程。

2）规定行驶里程。车辆规定行驶里程是指《机动车强制报废标准规定》中规定该车型的行驶里程。行驶里程比使用年限更真实地反映二手车使用强度及使用过程中的实际物理损耗。它反映了二手车使用强度对其成新率的影响。总行驶里程越大，车辆的实际有形损耗也越大。

（3）行驶里程法的前提条件　行驶里程法计算成新率的前提条件是车辆里程表的记录必须是原始的，不能被人为更改过。由于里程表容易被人为变更，因此，在实际应用中，较少直接采用此方法进行评估。

（4）案例分析（行驶里程法计算二手车成新率）　某家用轿车登记日期为2015年9月，评估基准日为2019年8月，行驶里程为7.8万km，经检查证件手续齐全，计算成新率。

解：该车4年行驶7.8万km，符合家庭用车的使用标准，所以可以使用行驶里程法进行评估。

根据国家报废标准，该车报废里程为45万km，已使用里程为7.8万km。

$$C_S = \frac{S_g - S}{S_g} \times 100\% = \frac{45 - 7.8}{45} \times 100\% \approx 83\%$$

该车的成新率为83%。

3. 部件鉴定法

（1）计算方法　部件鉴定法（也称为技术鉴定法）是指评估人员在确定二手车各组成部分技术状况的基础上，按其各组成部分对整车的重要性和价值量的大小加权评分，最后确定成新率的一种方法。采用部件鉴定法估算二手车成新率的计算公式为

$$C_g = \sum_{i=1}^{n}(C_i \beta_i)$$

式中　C_g——部件鉴定法二手车成新率；

C_i——二手车第i项部件的成新率；

β_i——二手车第i项部件的价值权重。

（2）计算步骤

1）先确定二手车各主要总成和部件，再根据各部分的制造成本占整车制造成本的比重，确定其权重的百分比（$i = 1, 2, \cdots, n$）。汽车各部分的价值权重见表6-3。

2）以全新车辆对应的各总成和部件功能为满分（100分），功能完全丧失为零分，再根据被评估二手车各相应总成和部件的技术状态估算出其部件成新率（$C_i = 1, 2, \cdots, n$）。

3）将各总成和部件估算出的成新率与权重相乘，得到各总成和部件的权重成新率（$c\beta_i$）（$i = 1, 2, \cdots, n$）。

4）最后将各总成和部件的权重成新率相加，即得出被评估车辆的成新率。

在不同种类和档次的车上,各组成部分对整车的重要性及其价值占整车的比重各不相同,有些类型车辆之间相差还很大。因此表6-3只能供评估人员参考,不可作为唯一标准。在实际评估时,应根据被评估车辆各部分价值占整车价值的比重,调整各部分的权重。

表6-3 汽车各部分的价值权重

序号	车辆各主要总成和部件名称	价值权重(%)		
		轿车	客车	载货汽车
1	发动机及离合器总成	26	27	25
2	变速器及万向传动装置总成	11	10	15
3	前桥、前悬架及转向系统总成	10	10	15
4	后桥及后悬架总成	8	11	15
5	制动系统	6	6	5
6	车架	2	6	6
7	车身	26	20	9
8	电器设备及仪表	7	6	5
9	轮胎	4	4	5
	合计	100	100	100

(3)特点及适用范围 从上述计算步骤可见,采用部件鉴定法计算加权成新率比较费时费力,但评估值更接近客观实际,可信度高。它既考虑了二手车实体性损耗,同时也考虑了二手车维修或换件等追加投资使车辆价值发生的变化。

(4)案例分析(部件鉴定法计算二手车成新率) 某评估中心接受客户委托后,对评估对象进行现场查勘和广泛的市场调查,并根据本次评估的特殊目的属于债务清偿,决定本次的评估方法为清算价格法,采用清算价格法里的"评估价格折扣法",根据市场调查,取80%的折扣率可在清算之日出售车辆。车辆基本信息如下:

车辆为小客车,9座,初次登记日期为2017年12月,已使用2年3个月,累计行驶里程7.2万km,账面原值28.03万元。据调查,该车生产厂家已经停止生产该型号汽车,与该车类似产品为6440型,经销商卖价为25万元。该车型比被评估车型动力性要好,内饰装潢豪华一些,最后确定交易车辆市场购置价为22.5万元。该车购置附加费为109%,根据当地政府规定,购买外地这种类似小客车要缴纳教育费和消费附加税,其税率为109%,成新率确定采用部件鉴定法,见表6-4,试评估该车的价格。

表6-4 车辆成新率估算

各总成及部件	成新率估计明细		
	权重(%)	成新率(%)	加权成新率(%)
发动机及离合器总成	30	80	24
变速器及传动轴总成	10	80	8
前桥及转向器前悬架总成	10	60	6
后桥及后悬架总成	10	85	8.5
制动系统	5	80	4
车架总成	5	80	4
车身总成	22	70	15.4
电器设备及仪表	6	60	3.6
轮胎	2	80	1.6
合计	100		75.1

评估步骤如下：利用重置成本法计算车辆评估价格涉及重置成本和成新率两个因素，故确定这两个因素后就可以得出车辆评估值。

① 确定重置成本。由题意可得评估车辆重置成本的直接成本为22.5万元，所要缴纳的间接成本占总车价的20%，故车辆重置成本为

$$22.5 万元 \times （1 + 20\%） = 27 万元$$

② 确定评估车辆成新率。由表6-4所得车辆各组成部件的加权成新率，累计相加获得部件鉴定法的车辆成新率为75.1%。

③ 确定评估车辆价格为

$$车辆评估值 = 重置成本 \times 成新率 = 27 万元 \times 75.1\% = 20.277 万元$$

4. 整车观测法

整车观测法是指评估人员采用人工观察的方法，辅助简单的仪器检测，判定被评估二手车的技术等级，以确定成新率的一种方法。

（1）整车观测法　观察和检测的主要技术指标如下：

① 二手车的现时技术状态。
② 使用时间及行驶里程。
③ 主要故障经历及大修情况。
④ 整车外观和完整性等。

二手车技术状况的分级及成新率见表6-5。

表6-5　二手车技术状况的分级及成新率

车况等级	新旧情况	有形损耗率（%）	技术状况描述	成新率（%）
1	使用不久	0～10	刚使用不久，行驶里程一般在3万～5万km，在用状态良好，能按设计要求继续使用	100～90
2	较新车	11～35	使用一年以上，行驶里程在15万km左右，一般没有经过大修，在用状态良好，故障率低，可随时出车使用	89～65
3	旧车	36～60	使用4～5年，发动机或整车经过一次大修，大修较好地恢复了原设计性能，在用状态良好，外观中度受损，恢复情况良好	64～40
4	老旧车	61～85	使用5～8年，发动机或整车经过两次大修，动力性、经济性和工作可靠性都有所下降，外观油漆脱落受损，金属件锈蚀程度明显；故障率上升，维修费用和使用费用明显上升，但车辆符合《机动车安全技术条件》，在用状态一般或较差	39～15
5	待报废处理车	86～100	基本到达或到达使用年限，通过《机动车安全技术条件》检查，能使用但不能正常使用，动力性、经济性和可靠性下降，燃料费、维修费和大修费用增长速度快，车辆收益与支出基本持平，排放污染和噪声污染达到极限	15以下

表6-5中所示数据是判断二手车成新率的经验数据，只能供评估人员参考，不可作为唯一标准。由于该法对二手车技术状况的评判是采用人工观察方法进行的，所以成新率的

估值是否客观和实际,取决于评估人员的专业水准和评估经验。整车观测法简单易行,但其判断结果没有部件鉴定法准确,一般用于初步估算中、低档二手车的价格,或作为综合分析法的辅助手段,用来确定车辆的技术状况调整系数。

(2)案例分析(整车观测法计算二手车成新率)

1)车辆基本情况。车辆型号:普通轿车,私人用车,初次登记日期为2014年6月,行驶里程为15万km,评估基准日期为2019年5月。

2)车况检查。

① 该车已使用近5年,经检查及询问,该车做过一次整车翻新,但整车外观较好,各类车身附件齐全有效。

② 该车经过一次大修,包括发动机和变速器等,但动力性、转向操纵性和制动性等各项性能恢复较好。

3)成新率确定。因该车为低档车型,根据车辆使用年限及行驶的里程数,可知该车属于中等旧车,故可使用整车观测法确定其成新率。

由于该车经过了一次整车大修,但各项性能恢复较好,故将其成新率确定为54%。

5. 综合分析法

(1)计算方法 综合分析法是以使用年限法为基础,综合考虑二手车的实际技术状况、维护保养情况、原车制造质量、二手车用途及使用条件等多种因素对二手车价值的影响,以调整系数形式确定成新率的一种方法,其计算公式为

$$C_F = C_Y K \times 100\%$$

式中 C_F——综合成新率;

C_Y——使用年限成新率;

K——综合调整系数。

(2)综合调整系数 根据被评估二手车是否需要进行项目修理或换件维修,综合调整系数有以下两种确定方法:

① 当二手车不需要进行项目修理或换件时,可直接采用表6-5所推荐的调整系数,综合调整系数计算公式为

$$K = K_1 \times 30\% + K_2 \times 25\% + K_3 \times 20\% + K_4 \times 15\% + K_5 \times 10\%$$

式中 K——综合调整系数;

K_1——二手车技术状况调整系数;

K_2——二手车维护保养调整系数;

K_3——二手车原始制造质量调整系数;

K_4——二手车用途调整系数;

K_5——二手车使用条件调整系数。

② 二手车需要进行项目修理或换件,或需要进行大修时,综合考虑确定表6-6所列出的影响因素,可采用"一揽子"评估方法确定一个综合调整系数。所谓"一揽子"评估方法就是综合考虑修理后对二手车成新率估算值的影响,直接确定一个合理的综合调整系数而进行价值评估的一种方法。

表 6-6　二手车成新率综合调整系数参考表

序号	影响因素	因素分级	调整系数	权重（%）
1	技术状况	好	1.0	30
		较好	0.9	
		一般	0.8	
		差	0.7	
		较差	0.6	
2	维护保养	好	1.0	25
		较好	0.9	
		一般	0.8	
		差	0.7	
		较差	0.6	
3	制造质量	进口车	1.0	20
		国产名牌车（走私罚没车）	0.9	
		国产非名牌车	0.8	
4	车辆用途	私用	1.0	15
		公用、商务	0.9	
		营运	0.7	
5	使用条件	好	1.0	10
		一般	0.9	
		差	0.8	

（3）调整系数的选取

1）二手车技术状况调整系数 K_1。二手车技术状况调整系数是在对车辆技术状况鉴定的基础上对车辆进行的分级，然后选取调整系数来修正车辆的成新率。技术状况调整系数取值范围为 0.6～1.0，技术状况好的取上限，反之取下限。

2）二手车维护保养调整系数 K_2。维护保养调整系数反映了使用者对车辆使用、维护和保养的水平，不同的使用者对车辆使用、维护和保养的实际执行情况差别较大，因而直接影响到车辆的使用寿命和成新率。维护保养调整系数取值范围为 0.6～1.0，维护保养好的取上限，反之取下限。

3）二手车原始制造质量调整系数 K_3。当确定该系数时，应了解被评估的二手车是国产车还是进口车以及进口国别，国产车了解是名牌产品还是一般产品。一般来说，经国家正规手续进口的车辆质量优于国产车辆，名牌产品优于一般产品，但也有较多例外，故在确定此系数时应慎重。对依法没收领取牌证的走私车辆，其原始制造质量系数建议视同国产名牌产品考虑。原始制造质量系数取值范围在 0.8～1.0。

4）二手车用途调整系数 K_4。二手车用途（或使用性质）不同，其繁忙程度不同，使用强度也不同。一般，车辆用途可分为私人工作和生活用车，机关企事业单位的公务和商务用车，从事旅游、货运、城市出租的营运用车。以普通小轿车为例，一般来说，私人工作和生活用车每年一般最多行驶约 3 万 km，公务、商务用车每年不超过 6 万 km，而营运出租车每年行驶有些可高达 15 万 km。可见二手车用途不同，其使用强度差异很大。二手车用途调整系数取值范围为 0.7～1.0，使用强度小的取上限，反之取下限。

5）二手车使用条件调整系数 K_5。我国地域辽阔，各地自然条件差别很大，车辆的使用条件对其成新率影响很大。使用条件分为道路使用条件和特殊使用条件。道路使用条件可分为好路、中等路和差路三类。好路指国家道路等级中的高速公路，一、二、三级道路，好路率在50%以上；中等路指符合国家道路等级四级道路，好路率在30%～50%；差路指国家等级以外的路，好路率在30%以下。

特殊环境使用条件主要指特殊自然条件，包括寒冷、沿海、风沙和山区等地区。

车辆使用条件调整系数取值范围为0.8～10，应根据二手车实际使用条件适当取值。如果二手车长期在道路条件较好路和中等路行驶时，分别取1.0和0.9；如果二手车长期在差路或特殊环境使用条件下工作，其系数取0.8。

从上述影响因素中可以看出，各影响因素关联性较大。一般来说，其中某一影响因素加强时，其他项影响因素也随之加强；反之则减弱。当影响因素作用加强时，对其综合调整系数不要随影响作用加强而随之无限加大，一般综合调整系数取值不要超过1.0。

（4）特点及适用范围　综合分析法较为详细地考虑了影响二手车价值的各种因素，并用一个综合调整系数指标来调整二手车成新率，评估值准确度较高，因而适用于具有中等价值的二手车评估。这是目前二手车鉴定评估最常用的方法之一。

（5）案例分析　某公司2015年6月购得一辆奥迪A6L型（排量2.4L）轿车作为公务使用，2019年10月在北京交易，2019年6月在北京市场上该型号车的车价是40万元，该车技术等级评定为2级，无重大事故痕迹。该车外表有少数划痕不需要进行修理，维护保养好，路试车况好，行驶里程为15万km。试用综合分析法计算成新率。

解：根据题意，综合调整系数的选取如下：

该车技术等级较好，$K_1 = 0.9$

该车维护保养好，$K_2 = 1.0$

该车为进口车，$K_3 = 1.0$

该车为公务用车，$K_4 = 0.9$

该车作为公务用车经常在市区行驶，使用等级高，$K_5 = 1.0$

$$K = K_1 \times 30\% + K_2 \times 25\% + K_3 \times 20\% + K_4 \times 15\% + K_5 \times 10\%$$
$$= 0.9 \times 30\% + 1.0 \times 25\% + 1.0 \times 20\% + 0.9 \times 15\% + 1.0 \times 10\%$$
$$= 0.955$$

计算成新率为

$$C_F = C_Y \times 100\% = \frac{180-52}{180} \times 0.955 \times 100\% \approx 67.9\%$$

该车的成新率为67.9%。

6. 综合成新率法

（1）计算方法　综合成新率是采用定性和定量分析的方法，综合多种单一因素对二手车成新率的计算结果，并分别赋予不同的权重，计算加权平均成新率。采用综合成新率来反映二手车的新旧程度，可以尽量减小使用单一因素成新率计算给评估结果所带来的误差，因而是一种较为科学的方法。

下面具体介绍以综合使用年限法、行驶里程法、技术鉴定法和整车观测法来估算二手

车成新率的方法，综合成新率法的计算公式为

$$C_Z = C_1\alpha_1 + C_2\alpha_2$$

式中　C_Z——综合成新率；
　　　C_1——二手车理论成新率；
　　　C_2——二手车现场查勘成新率；
　　　α_1、α_2——权重系数，$\alpha_1 + \alpha_2 = 1$。

（2）二手车理论成新率 C_1　二手车理论成新率包括使用年限法和行驶里程法计算的成新率，是根据二手车实际使用时间和行驶里程计算而得，是一种对二手车成新率的定量计算，其结果一般不能人为改变。实际计算中，可将使用年限成新率和行驶里程成新率加权平均得到二手车理论成新率。计算公式为

$$C_1 = C_Y \times 50\% + C_S \times 50\%$$

式中　C_Y——使用年限成新率；
　　　C_S——行驶里程成新率。

（3）二手车现场查勘成新率 C_2　二手车现场查勘成新率是由评估人员根据现场查勘情况而确定的一个综合评价值。具体确定步骤是：评估人员先对二手车进行技术状况现场查勘（包括静态检查和动态检查），得出鉴定评价意见，然后对整车和重要部件分别进行综合评分，累加评分，其结果就是二手车现场查勘成新率，评定表见表6-7。由上可见二手车现场查勘成新率是一个定性与定量相结合的结果。

表6-7　二手车现场查勘成新率评定表

序号	项目名称	达标程度	参考标准分	评分
1	整车（满分20分）	全新	20	—
		良好	15	15
		较差	5	—
2	车架（满分15分）	全新	15	12
		一般	7	—
3	前后桥（满分15分）	全新	15	12
		一般	7	—
4	发动机（满分30分）	全新	30	—
		轻度磨损	25	28
		中度磨损	17	—
		重度磨损	5	—
5	变速器（满分10分）	全新	10	—
		轻度磨损	8	8
		中度磨损	6	—
		重度磨损	2	—
6	转向及制动系统（满分10分）	全新	10	—
		轻度磨损	6	8
		中度磨损	5	—
		重度磨损	2	—
总分[现场查勘成新率（%）]			100	83

被评估二手车技术状况现场查勘主要内容如下：

1）车身外观。包括车身颜色、光泽、有无褪色及锈蚀情况，车身是否被碰撞过，车灯是否齐全，前后保险杠是否完整和其他情况等。

2）车内装饰。包括装潢程度、颜色、清洁程度、仪表及座位是否完整，以及其他有关装饰的情况等。

3）发动机工作状况。包括发动机动力状况，有否更换部件（或替代部件）和有修复现象，是否有漏油现象等。

4）底盘。包括是否变形，是否异响，变速器状况是否正常，前后桥状况是否正常，传动系统工作状况是否正常，是否有漏油现象，转向系统情况是否正常，还有制动系统工作状况是否正常等。

5）电气系统。包括电源系统、发动机点火系统、空调系统和音响系统是否工作正常等。

（4）案例分析（综合成新率法计算二手车成新率）

1）车辆基本情况如下。车辆型号：中华骏捷1.8舒适型，车辆配置：1.8L、136hp（1hp = 735.499W）、L4三菱发动机；四门电动车窗、前排双气囊、可调转向盘、助力转向、倒车雷达、ABS、铝合金轮圈、冷暖空调、CD机、自动变速器、电动后视镜、中央遥控及防盗系统，初次登记日期为2013年6月，行驶里程为12万km，评估基准日期为2017年5月。

2）车况检查。

① 静态检查。

a. 该车的外观保养状况较好。

b. 车漆属原车漆，光泽度较好，但前后保险杠有明显重新喷漆的痕迹。经仔细检查发现有发生过碰撞事故的迹象，不过仅仅伤及保险杠，并未波及前后缓冲钢架。

c. 散热器组件、转向助力泵、制动主缸/轮缸、ABS泵、蓄电池、发电机和起动机等部件外表均无异常。

d. 机油量及其颜色均正常。

e. 发动机舱内线束规整，无明显改动痕迹。

f. 转向盘自由行程基本符合要求，转向柱无明显松动感觉。

② 动态检查。

a. 该车搭配的5速变速器，在起步、急加速、急减速和倒车时，车辆没有明显的顿挫感。

b. 离合器操作无异常现象。

c. 无明显行驶跑偏和制动跑偏等现象，制动稍微偏软一些。

d. 行驶中车内无明显噪声。

e. 音响和空调等装置工作正常。

总体来说，该车动力、制动、通过性、行驶平顺性和噪声等方面性能基本良好。动态试验后车辆油温和冷却液温度正常，运动机件无过热，无漏水、油、电等现象。

3）成新率计算。由于该二手车为中高档轿车，车况保持较好，初步估计其评估价格较高，故可采用综合分析法计算其成新率。

① 初次登记日期为2013年6月，评估基准日期为2017年5月，则已使用年限 $Y = 48$

个月，参考使用年限15年，$Y_g = 180$个月（新的《机动车强制报废标准规定》对非营运小型车辆没有使用年限规定，但按目前车辆使用情况，在计算二手车成新率时，仍可参照旧标准，即规定使用年限15年）。

② 综合调整系数 K 的确定。确定各项调整系数如下：

该车技术状况较好，车辆技术状况调整系数为 $K_1 = 0.9$。

维护保养较好，维护情况调整系数为 $K_2 = 0.9$。

中华骏捷轿车是国产名牌车，制造质量调整系数为 $K_3 = 1.0$。

该车为私人用车，车辆用途调整系数为 $K_4 = 1.0$。

该车主要在市内行驶，使用条件一般，使用条件调整系数 $K_5 = 0.9$。

则综合调整系数为

$$K = K_1 \times 30\% + K_2 \times 25\% + K_3 \times 20\% + K_4 \times 15\% + K_5 \times 10\%$$
$$= 0.9 \times 30\% + 0.9 \times 25\% + 1.0 \times 20\% + 1.0 \times 15\% + 0.9 \times 10\%$$
$$= 0.935$$

③ 计算成新率 C_F 为

$$C_F = C_Y K \times 100\%$$
$$= \left(1 - \frac{Y}{Y_g}\right) K \times 100\%$$
$$= \left(1 - \frac{48}{180}\right) \times 0.935 \times 100\%$$
$$\approx 68.56\%$$

第二节　汽车评估重置成本法

重置成本法是指在现时市场条件下重新购置一辆全新状态的被评估车辆所需的全部成本，减去该被评估车辆的各种陈旧贬值后的差额，作为被评估车辆现时价格的一种评估方法。

重置成本法作为一种二手车评估的方法，是从能够重新取得被评估二手车的角度来反映二手车交换价值的，即通过被评估二手车的重置成本反映二手车的交换价值。只有当被评估的二手车处于继续使用状态下，再取得被评估二手车的全部费用才能构成其交换价值的内容。二手车继续使用包含着其使用有效性的经济意义，只有当二手车能够继续使用，并且在持续使用中为潜在投资者带来经济利益，二手车的重置成本才能为潜在投资者和市场承认及接受。从这个意义上讲，重置成本法主要适用于继续使用前提下的二手车评估。

一、重置成本法的基本要素

重置成本法的概念中涉及四个基本要素，即二手车的重置成本、二手车实体有形损耗、二手车功能性贬值和二手车经济性贬值。

（1）二手车的重置成本　二手车重置成本是按在现行市场条件下重新购买一辆全新车辆所支付的全部货币总额。简单地说，二手车重置成本就是当前再取得该车的成本。

（2）二手车实体有形损耗　二手车实体有形损耗也称为实体性贬值，是指二手车在存放和使用过程中，由于物理和化学原因（如机件磨损、锈蚀和老化等）而导致的车辆实体发生的价值损耗，即由于自然力的作用而发生的损耗。计量二手车实体有形损耗时，主要根据已使用年限进行分摊。

（3）二手车功能性贬值　二手车功能性贬值是由于技术进步引起的二手车功能相对落后而导致的贬值，这是一种无形损耗。功能性贬值可分为一次性功能贬值和营运性功能贬值。

（4）二手车经济性贬值　二手车经济性贬值是指由于外部经济环境变化所造成的车辆贬值，它也是一种无形损耗。外部经济环境变化包括宏观经济政策变化、市场需求变化、通货膨胀和环境保护法规变化等。

二、重置成本法应用的理论依据和特点

1. 理论依据

任何一个精明的投资者在购买某项资产时，他所愿意支付的价格，绝不会超过现时在市场上能够购买到与该项资产具有同等效用的全新资产所需的最低成本，而不管这项资产的原拥有者当初在购买这项资产时的购置价（历史成本）是多少，这就是重置成本法的理论依据。可见，重置成本是现时购买一辆全新的与被评估二手车相同的车辆所支付的最低金额。

2. 应用前提和适用范围

重置成本法作为一种二手车评估的方法，是从能够重新取得被评估二手车的角度来反映二手车交换价值的，即通过被评估二手车的重置成本反映二手车的交换价值。只有当被评估的二手车处于继续使用状态下，再取得被评估二手车的全部费用才能构成其交换价值的内容。二手车继续使用包含着其使用有效性的经济意义，只有当二手车能够继续使用，并且在持续使用中为潜在投资者带来经济利益，二手车的重置成本才能为潜在投资者和市场承认及接受。从这个意义上讲，重置成本法主要适用于继续使用前提下的二手车评估。

3. 重置成本法的优缺点

（1）重置成本法的优点

① 比较充分地考虑了车辆的各方面损耗，反映了车辆市场价格的变化，评估结果更趋于公平合理，在不易估算车辆未来收益，或难以在市场上找到可类比对象的情况下可广泛应用。

② 可采用综合分析法确定成新率，将车况和配置以及车辆使用情况用适当的调整系数表征出来，比较清晰地解析了车辆残值的构成，使整个评估过程显得有理有据，有助于增强交易双方对评估结果的信任，可广泛应用于价值较高的中高档车辆评估。

（2）重置成本法的缺点

① 评估工作量较大，确定成新率时主观因素影响较大。

② 对极少数的进口车辆，不易查询到现时市场报价，一些已停产或是我国自然淘汰的车型，由于不可能查询到相同车型新车的市场报价，因此难于准确地确定出它们的重置成本或重置成本全价。

三、重置成本法评估的具体方法

1. 重置成本法的计算

重置成本法的基本计算公式为

$$评估值 = 重置成本 - 实体性贬值 - 功能性贬值 - 经济性贬值$$

或

$$评估值 = 重置成本 \times 成新率$$

以上两种计算模型中，前者综合考虑了二手车的现行市场价格和各种影响二手车价值量变化（贬值）的因素，最让人信服和易于接受。但造成这些贬值的影响因素较多，且有一定的不确定性，所以准确地确定二手车的贬值是不容易的。后者以成新率综合考虑了各种贬值对二手车价值的影响，是一种定性和定量相结合的评估方法，比较符合中国人评判二手物品的思维模式，是目前市场上应用最广的一种评估方法。

2. 基于成新率的重置成本法评估计算

评估计算公式。基于成新率的重置成本法评估计算公式：

$$P = B \times C$$

式中　P ——被评估二手车的评估值（元）；

　　　B ——被评估二手车的现时重置成本（元）；

　　　C ——被评估二手车的现时成新率。

3. 重置成本的计算

在资产评估中，重置成本估算有多种方法，对二手车评估来说，计算重置成本一般采用重置核算法和物价指数法两种方法。

（1）重置核算法　重置核算法是利用成本核算原理，根据重新取得一辆与二手车车型和功能一样的新车所需的费用项目，逐项计算后累加得到二手车的重置成本。二手车的重置成本具体由二手车的现行购买价格、运杂费以及必要的税费构成。根据新车来源方式不同，二手车重置成本可分为国产车和进口车两种不同的构成。

1）国产二手车重置成本的构成。国产二手车重置成本构成的计算公式为

$$B = B_1 + B_2$$

式中　B ——二手车重置成本（元）；

　　　B_1 ——购置全新车辆的市场成交价（元）；

　　　B_2 ——车辆购置价格以外国家和地方政府一次性缴纳的各种税费总和（元）。

重置成本构成不应包括车辆拥有阶段及使用阶段的税费，如车辆拥有阶段的年审费、车船税和消费税，车辆使用阶段的保险费、燃油税和路桥费等。

各种税费包括车辆购置税和注册登记费（牌照费）。车辆购置税是对在我国境内购置规定车辆的单位和个人征收的一种税，它由车辆购置附加费演变而来。现行车辆购置税法的基本规范是从2001年1月1日起实施的《中华人民共和国车辆购置税暂行条例》。车辆购置税的纳税人为购置（包括购买、进口、自产、受赠、获奖或以其他方式取得并自用）

应税车辆的单位和个人,征税范围为汽车、摩托车、电车、挂车和农用运输车,税率为10%,应纳税额的计算公式为

$$应纳税额 = 计税价格 \times 税率$$

如消费者购买一辆100000元的国产车,去掉增值税部分后按10%纳税,其计算公式为

$$100000 \div 1.17 \times 10\% \approx 8547元$$

2)进口二手车重置成本的构成。根据海关税则和收费标准,进口轿车的重置成本(即现行价格)的税费构成为

$$进口二手车重置成本 = 报关价 + 关税 + 消费税 + 增值税 + 其他必要费用$$

报关价即到岸价,又称为CIF价格,它与离岸价(FOB价格)的关系为

$$CIF价格 = FOB价格 + 途中保险费 + 从装运港到目的港的运费$$

FOB价格是指在国外装运港船上交货时的价格,因此也称为离岸价,它不包括从装运港到目的港的运费和保险费。

① 关税计算方法为

$$关税 = 报关税 \times 关税税率$$

根据我国加入WTO(世界贸易组织)的承诺,自2006年7月1日起,轿车的关税税率为25%。自2018年7月1日起,降低汽车整车及零部件进口关税。将汽车整车税率为25%的135个税号和税率为20%的4个税号的税率降至15%,将汽车零部件税率分别为8%、10%、15%、20%、25%的共79个税号的税率降至6%。

② 消费税计算方法为

$$消费税 = \frac{报关价 + 关税}{1 - 消费税} \times 消费税$$

③ 增值税计算方法为

$$增值税 = (报关税 + 关税 + 消费税) \times 消费税率$$

④ 其他费用:除了上述费用之外,进口车价还包括通关、商检、仓储运输、银行、选装件价格、经销商和进口许可证等非关税措施造成的费用。

(2)物价指数法 当被评估车辆已停产,或是进口车辆无法找到现时市场价格时,物价指数法是一种很有用的方法,但应用时一定要先检查被评估车辆的账面购买原价。如果购买原价不准确,则不能用物价指数法。

物价指数法也称为价格指数法,是指根据已掌握历年来的价格指数,在二手车原始成本的基础上,通过现时物价指数确定其重置成本。车辆价格变动指数是表示车辆历年价格变动趋势和速度的指标。要选用国家统计部门、物价管理部门或行业协会定期发布和提供的数据,不能选用无依据、不明来源的数据,其计算公式为

$$B = B_0 \frac{I}{I_0}$$

或

$$B = B_0(1-\lambda)$$

式中　B——车辆重置成本（元）；
　　　B_0——车辆原始成本（元）；
　　　I——车辆评估时物价指数；
　　　I_0——车辆当初购买时物价指数；
　　　λ——车辆价格变动指数。

（3）二手车重置成本全价的确定　实际工作中，一般根据鉴定估价的经济行为确定重置成本的全价，具体有以下两种处理方法：

① 对于以所有权转让为目的的二手车交易经济行为，按评估基准日被评估车辆所在地收集的现行市场成交价格作为被评估车辆的重置成本全价，其他费用略去不计。

② 对企业产权变动的经济行为（如企业合资、合作和联营，企业分设、合并和兼并，企业清算，企业租赁等），其重置成本全价除了考虑被评估车辆的现行市场购置价格以外，还应将国家和地方政府规定的，对车辆加收的其他税费（如车辆购置附加费和车船税等），一并计入重置成本全价中。

四、重置成本法评估实例

【案例一】使用年限法评估二手车

2015年8月，王女士购置了一辆爱丽舍轿车，作为上下班代步用。购买价格为67800元，初次登记日期是2015年9月，于2019年12月进入二手车交易市场估价交易。现场查勘，车身外观较好，发动机运转平稳，无异常响声，制动系统良好。该车行驶里程为10万km，在评估时，该车的现行市场销售价格为59800元，其他税费不计，试评估该车的现时市场价值。

解：根据题意可知以下内容：

① 初次登记日期为2015年9月，评估基准日期为2019年12月，已使用年限为4年3个月，即 $Y = 51$ 个月。

② 该车为轿车，规定使用年限为15年，即 $Y_g = 180$ 个月。

③ 该车的现时重置成本为 $B = 59800$ 元。

④ 该车的年限成新率为

$$C_Y = \left(1 - \frac{Y}{Y_g}\right) \times 100\% = \left(1 - \frac{51}{180}\right) \times 100\% \approx 71.67\%$$

⑤ 评估值

$$P = BC = 59800元 \times 71.67\% \approx 42858元$$

【案例二】综合分析法评估二手车

刘先生于2011年3月购置一辆国产奥迪2.4L轿车，作为家庭用车。于2016年3月到某奥迪专卖店进行二手车置换业务，行驶里程为 9.5 万 km，已知与该车类似的奥迪 2.5L 新车市场价格为 428000 元。经评估人员现场查勘，该车技术状况较好，使用维护保养较好，该车主要是在市内行驶，试用重置成本－综合分析法评估该车的价值。

解：根据题意可知以下内容：

① 评估价值采用重置成本－综合分析法，计算公式为

$$P = BC_F = B\left(1 - \frac{Y}{Y_g}\right)K \times 100\%$$

② 初次登记日期为 2011 年 3 月，评估基准日期为 2016 年 3 月，则 $Y = 60$ 个月。
③ 该车为轿车，规定使用年限为 15 年，即 $Y_g = 180$ 个月。
④ 该车的现时重置成本为 $B = 428000$ 元。
⑤ 综合调整系数 K 的确定如下：
技术状况较好，车辆技术状况调整系数为 $K_1 = 0.9$。
使用维护保养好，维护保养调整系数为 $K_2 = 0.9$。
该车为国产名牌，制造质量调整系数为 $K_3 = 0.9$。
该车为私人用车，车辆用途调整系数为 $K_4 = 1.0$。
该车主要在市内行驶，工作条件调整系数为 $K_5 = 1.0$。
⑥ 综合调整系数为

$$\begin{aligned} K &= K_1 \times 30\% + K_2 \times 25\% + K_3 \times 20\% + K_4 \times 15\% + K_5 \times 10\% \\ &= 0.9 \times 30\% + 0.9 \times 25\% + 0.9 \times 20\% + 1.0 \times 15\% + 1.0 \times 10\% \\ &= 0.925 \end{aligned}$$

⑦ 计算评估值 P 为

$$P = BC_F = 428000 元 \times 61.67\% \approx 263948 元$$

第三节　汽车评估清算价格法

清算价格法是以清算价格为依据来估算二手车价格的一种方法。所谓清算价格，指企业在停业或破产后，在一定的期限内拍卖资产（如车辆）时可得到的变现价格，清算价格法的理论基础是清算价格标准。

清算价格法在原理上基本与现行市价法相同，所不同的是迫于停业或破产，清算价格大大低于现行市场价格。这是由于企业被迫停业或破产，急于将车辆拍卖和出售。

一、清算价格法的前提和影响因素

1. 清算价格法的应用前提和适用范围

（1）清算价格法的应用前提

① 以具有法律效力的破产处理文件或抵押合同及其他有效文件为依据。
② 车辆在市场上可以快速出售变现。
③ 所卖收入足以补偿因出售车辆的附加支出总额。
（2）清算价格法的适用范围　清算价格法适用于企业破产、资产抵押和停业清理时要出售的车辆。

2. 影响清算价格的主要因素

在二手车评估中，影响清算价格的主要因素包括破产形式、债权人处置车辆的方式、车辆清理费用、拍卖时限、公平市价和参照车辆价格等。

二、确定清算价格的具体方法

二手车评估清算价格的方法主要有以下三种：
（1）评估价格折扣法　首先，根据被评估二手车的具体情况及所获得的资料，选择重置成本法、收益现值法及现行市价法中的一种方法确定被评估二手车的价格；其次，根据市场调查和快速变现原则，确定一个合适的折扣率。用评估价格乘以折扣率，所得结果即为被评估二手车的清算价格。

如一辆已经使用3年的捷达轿车，经调查在二手车交易市场上成交价为5万元，根据销售情况调查，折价20%可以当即出售，则该车辆清算价格为5万元×（1－20%）＝4万元。
（2）模拟拍卖法　模拟拍卖法也称为意向询价法。这种方法是根据向被评估二手车的潜在购买者询价的办法取得市场信息，最后经评估人员分析确定其清算价格的一种方法。用这种方法确定的清算价格受供需关系影响很大，要充分考虑其影响的程度。

如有一台8t自卸车，拟评估其拍卖清算价格，评估人员通过对两家运输公司、三个个体运输户征询意向价格，其报价分别是7万元、8.3万元、7.8万元、8万元和7.5万元，平均报价为7.72万元。考虑目前各种因素，评估人员确定清算价格为7.5万元。
（3）竞价法　竞价法是由法院按照破产清算的法定程序，或由卖方依据评估结果提出一个拍卖的底价，在公开市场上由买方竞争出价，谁出的价格高就卖给谁。

三、清算价格法的评估实例

某法院欲在近期内将其扣押的一辆轻型载货汽车拍卖出售。至评估基准日止，该汽车已使用了1年6个月，车况与其新旧程度相符，试评估该车的清算价格。

分析： 据了解，本次评估的目的属债务清偿，应采用的评估方法为清算价格法。根据被评估车辆的实际情况和所掌握的资料，决定首先利用重置成本法，确定车辆在公平市场条件下的评估价格。然后，根据市场调查，按一定的折扣率确定汽车的清算价格。

求解步骤如下所述。
① 根据题目已知条件，采用重置成本法确定清算价格。
② 求已使用年限和规定使用年限：该车已使用年限为1年6个月，折合为18个月；根据国家规定，被评估车辆的使用年限为10年，折合为120个月。

③ 确定车辆的重置成本全价：据市场调查，全新同型车目前的售价为 55000 元。根据相关规定，购置此型车时，要交纳 10% 的车辆购置税，3% 的货运附加费，故被评估车辆的重置成本全价 B 为

$$B = 55000 \text{元} \times (1 + 10\% + 3\%) = 62150 \text{元}$$

④ 确定车辆的成新率：被评估车辆的价值不高，且车辆的技术状况与其新旧程度相符，故决定采用使用年限法确定其成新率，故被评估车辆的成新率 C_Y 为

$$C_Y = \left(1 - \frac{Y}{Y_g}\right) \times 100\% = \left(1 - \frac{18}{120}\right) \times 100\% = 85\%$$

⑤ 确定被评估车辆在公平市场条件下的评估值：根据调查了解，被评估车辆的功能性损耗及经济性损耗均很小，可忽略不计，故在公平市场条件下，该车的评估值 P 为

$$P = BC = 62150 \text{元} \times 85\% = 52828 \text{元}$$

⑥ 确定折扣率：根据市场调查，折扣率取 75% 时，可在清算日内出售车辆，故确定折扣率为 75%。

⑦ 确定被评估车辆的清算价格为

$$车辆的清算价格 = 52828 \text{元} \times 75\% = 39621 \text{元}$$

第四节　汽车评估收益现值法

　　收益现值是指根据车辆未来的预期获利能力大小，以适当的折现率将未来收益折成现值。从"以利索本"的角度看，收益现值就是为获得车辆取得预期收益的权利所支付的货币总额。在折现率相同的情况下，车辆未来的效用越大，获利能力越强，其评估值就越大。投资者购买车辆时，一般要进行可行性分析，只有在预期回报率超过评估时的折现率时，才可能支付货币购买车辆。

一、收益现值法及影响因素

　　（1）定义　收益现值法是指估算被评估车在剩余寿命期内的预期收益，并折现为评估基准日的现值，即为二手车的评估值。

　　（2）特点　用收益现值法评估车辆时，一般都与投资决策相结合，容易被二手车买卖双方接受。同时，评估值能比较准确地反映车辆本金化的价值。但是，预期收益额的预测难度大，而且受买卖双方主观判断和未来不可预见因素的影响较大。

　　（3）影响因素

　　1）被评估车继续运营和获利的能力。

　　2）被评估车预期获利年限及预期收益的预测值。

　　3）被评估车在剩余寿命期内所担风险的预测值。

（4）适用范围　收益现值标准适用的前提条件是车辆投入使用后可连续获利。收益现值法确定的二手车评估值依赖于未来预期收益。二手车评估的前提是车辆必须能投入使用，且在剩余寿命期内能连续获利。因此，收益现值法适用于投资营运车辆的评估。

二、应用收益现值法评估的具体方法

1. 评估方法及计算公式

用收益现值法计算二手车评估值，就是对被评估二手车未来预期收益进行折现的过程。二手车的评估值等于剩余寿命期内各收益期的收益折现值之和。若收益期的收益折现值不同时，其计算公式为

$$P=\sum_{t=1}^{n}\frac{A_t}{(1+i)^t}=\frac{A_1}{(1+i)^1}+\frac{A_2}{(1+i)^2}+\cdots+\frac{A_n}{(1+i)^n}$$

式中　P——评估值（元）；

A_t——未来第 t 个收益期的预期收益额（元）；

n——收益年期（年）；

i——折现率（%）；

t——收益期（年）。

若收益期的收益折现值相同时，其计算公式为

$$P=A\times\frac{(1+i)^n-1}{i\times(1+i)^n}$$

式中　P——评估值（元）；

A——未来收益期的预期平均收益额（元）；

n——收益年期（即剩余经济寿命的年限）（年）；

i——折现率（%）。

2. 收益现值法各评估参数的确定

1）收益年期 n 的确定。收益年期指从评估基准日到二手车报废日之间的年限（即二手车剩余使用寿命的年限）。收益年期是确定二手车评估值的关键，如果年期估算得长，则计算的收益额就多，车辆的估价值就高；反之，则会低估二手车价值。所以，评估必须依照国家《汽车报废标准》中的规定，来确定二手车收益年期。

2）预期收益额 A_t 的确定。收益现值法的运用中，预期收益额的确定是关键。预期收益额是指由被评估对象在使用过程中，可能带来的年纯收益额。对于预期收益额的确定应注意以下两点：

第一，无论对于所有者还是购买者，判断某车辆是否有价值，首先应判断该车辆是否会带来收益。对其收益的判断，不仅仅是看现在的收益能力，更重要的是预测未来的收益能力。

第二，收益额的构成。以企业为例，目前有几种观点，即第一，企业所得税后利润；

第二,企业所得税后利润与提取折旧额之和扣除投资额;第三,利润总额。在二手车评估中建议选择第一种观点,目的是能够准确反映预期收益额,其计算公式为

$$收益额 = 税前收入 - 应交所得税 = 税前收入 \times (1 - 所得税税率)$$

3)折现率 i 的确定。折现率是指将未来预期收益额折算成现值的比率。从本质上讲,折现率是一种期望投资报酬率,是投资者在投资风险一定的情况下,对投资所期望的回报率。折现率由无风险报酬率和风险报酬率两部分组成,即

$$折现率 i = 无风险报酬率 + 风险报酬率$$

三、收益现值法评估实例

【案例一】 某个体从业人员拟购买一辆轻型载货汽车从事营运经营。

已知该车的剩余使用年限为 4 年。适用的折现率为 8%,经预测 4 年内该车的预期收益分别为 10000 元、9000 元、8000 元和 7000 元,试用收益现值法评估该车辆目前的价格。

解:由于该车每年的预期收益额不相等,根据收益现值法的模型式,价格为

$$P = \sum_{t=1}^{n} \frac{A_t}{(1+i)^t} = \frac{A_1}{(1+i)^1} + \frac{A_2}{(1+i)^2} + \cdots + \frac{A_n}{(1+i)^n}$$

$$= \left[\frac{10000}{(1+8\%)^1} + \frac{9000}{(1+8\%)^2} + \frac{8000}{(1+8\%)^3} + \frac{7000}{(1+8\%)^4} \right] 元$$

$$= (9259 + 7716 + 6351 + 5145) 元$$

$$= 28471 元$$

该车评估价值为 28471 元。

【案例二】 王先生打算购置一辆二手捷达轿车用于个体出租车运营。

该车的基本信息及经营预测如下:2013 年 5 月购买,并于当月完成车辆登记手续,已行驶里程为 20 万 km。目前车辆技术状况良好,能正常运行;如用于出租车运营,全年预计可出勤 320 天。根据沈阳市场调查,该车型每天平均毛收入约 550 元,每天耗油费用 150 元,年检、保险及各种应支出费用每年 10000 元,年日常维修保养费用约 12000 元,年平均大修费用约 1000 元,人员劳务费 16000 元。根据目前银行储蓄年利率、行业收益等情况,确定资金预期收益率为 15%,风险报酬率为 5%。假设每年的纯收入相同,试结合上述条件评估该车可接受的最大投资额是多少?

解:1)根据题目条件,评估方法采用收益现值法。

2)收益年期 n 的确定:从车辆登记日(2013 年 5 月)至评估基准日(2019 年 5 月)止,该车已使用时间为 6 年,根据国家《汽车报废标准》的规定,出租车规定运营年限为 8 年,车辆剩余使用寿命为 2 年,即收益年期 $n = 2$。

3)预期收益额的确定

① 根据题设条件,计算预计年毛收入,具体计算见表 6-8。

② 计算年预计纯收入:根据国家个人所得税条例规定,年收入在 3 万元 ~ 5 万元,应

缴纳所得税率为30%，故年预计纯收入为

表 6-8　车辆收入及各种费用支出

预计年收入/元	预计年支出/元		预计年毛收入/元
550×320=176000	燃油费	150×320=48000	67400
	保险费、检车费、车船使用税、停车费等费用	10000	
	维修保养费	12000	
	车辆大修费	1000	
	驾驶人工资	16000（单班）	
	标书租赁费	1800×12=21600	

$$67400 \text{元} \times (1-30\%) = 47180 \text{元}$$

③ 预期收益额 A = 年预计纯收入为 47180 元。

4）折现率 i 的确定：折现率 i = 资金预期收益率 + 风险报酬率 = 15% + 5% = 20%

5）计算评估值：

$$P = A \times \frac{(1+i)^n - 1}{i \times (1+i)^n} = 47180 \times \frac{(1+20\%)^2 - 1}{20\% \times (1+20\%)^2} = 72080 \text{元}$$

第五节　汽车评估现行市价法

现行市价是指车辆在公平市场上的销售价值。所谓公平市场是指充分竞争的市场，买卖双方没有垄断和强制，双方的交易行为都是自愿的，都有足够的时间与能力了解市场行情。

一、现行市价法的概念

现行市价法又称为市场法、市场价格比较法，是指以市场上最近售出的与被评估车辆可类比的车辆作为参照物，通过比较彼此间的异同，并据此对参照物的市场成交价进行调整，从而确定被评估车辆价值的一种评估方法。现行市价法是最直接和最简单的一种评估方法。这种方法的基本思路是：通过市场调查，选择一个或几个与评估车辆相同或类似的车辆作为参照物，分析参照物的构造、功能、性能、新旧程度、地区差别、交易条件及成交价格等，并与被评估车辆一一对照比较，找出两者的差别及差别所反映在价格上的差额，经过调整，计算出二手车的价值。

运用现行市价法要求充分利用类似二手车成交价格信息，并以此为基础判断和估测被评估二手车的价值。运用已被市场检验了的结论来评估二手车，显然是容易被买卖双方当事人接受的。因此，现行市价法是二手车评估中最为直接和最具说服力的评估途径之一。

现行市价法是基于这样的原理：任何一个正常的投资者在购置某项资产时，他所愿意支付的价格不会高于市场上具有相同用途替代品的现行市价。

二、现行市价法的应用前提和优缺点

1. 现行市价法的应用前提

由于现行市价法是以同类二手车销售价格相比较的方式,来确定被评估二手车价值的,因此,运用这一方法时,一般应具备以下两个基本的前提条件。

① 要有一个发育成熟、交易活跃的二手车交易公开市场,经常有相同或类似的二手车交易,有充分的参照车辆可取,市场成交的二手车价格反映市场行情,这是应用现行市价法评估二手车的关键。

② 市场上参照的二手车与被评估二手车有可比较的指标,并且这些指标的技术参数等资料是可收集到的,并且价值影响因素明确,可以量化。

2. 现行市价法的适用范围

现行市价法是从卖者的角度来考虑被评估二手车的变现值的,二手车评估价值的大小直接受市场的制约,因此,它特别适用于产权转让畅销车型的评估,如二手车收购(尤其是成批收购)和典当等业务。畅销车型的数据充分可靠,市场交易活跃,评估人员熟悉其市场交易情况,采用现行市价法评估二手车时间会很短。

3. 现行市价法的优缺点

(1) 现行市价法的优点

① 能够客观反映二手车目前的市场情况,其评估的参数和指标直接从市场获得,评估值能反映市场现实价格。

② 评估结果易于被各方面理解和接受。

(2) 现行市价法的缺点

① 需要公开及活跃的二手车市场作为基础,然而在我国很多地方二手车市场建立时间短,发育不完全、不完善,寻找参照车辆有一定的困难。

② 可比因素多而复杂,操作难度大。即使是同一个生产厂家生产的同一型号的产品,同一时间登记注册,但可能由于由不同的车主使用,其使用强度、使用条件和维护水平的不同而带来车辆技术状况不同,造成二手车评估价值差异。

三、应用现行市价法评估的步骤

1)收集资料。收集评估对象的资料,包括车辆的类别名称、型号和性能、生产厂家及出厂年月,了解车辆目前使用情况、实际技术状况以及尚可使用的年限等。

2)选定二手车交易市场上可进行类比的对象。

① 车辆型号,指汽车类型和主要参数。

② 车辆制造厂家。

③ 车辆来源,是私用、公务、商务车辆,还是营运出租车辆。

④ 车辆使用年限和行驶里程数。

⑤ 车辆实际技术状况。

⑥市场状况。
⑦评估目的。
⑧车辆所处的地理位置。
⑨成交数量。
⑩成交时间。

3）分析、类比。综合上述可比性因素，对待评估的车辆与选定的类比对象进行认真的分析类比。

4）计算评估值。分析和调整差异，并做出结论。

四、评估方法及计算公式

在实际评估中，现行市价法又分为直接市价法和类比调整市价法。直接市价法是指在市场上能找到与被评估车完全相同的参照车辆的现行市价，并参照车辆的价值直接作为被评估车的评估价值。类比调整市价法是指评估二手车时，在公开市场上找不到与被评估车辆完全相同的参照车辆，只能找到与之相似的车辆作为参照车辆，再根据车辆技术状况和交易条件等数据，对参照车辆的价值做出相应调整，综合比较来确定被评估车的评估价值。

（1）直接市价法　当被评估车与参照车辆完全相同时，被评估车的评估价值计算公式为

$$P_1 = P_2$$

式中　P_1——被评估车的评估价值（元）；
　　　P_2——参照车辆的交易价值（元）。

1）参照车型一般为畅销车型，如大众朗逸、大众宝来和别克英朗等市场保有量大，交易比较频繁的车型。

2）当被评估车与参照车辆相近，即车辆类别相同、主参数相同、结构性能相同，只是生产序号不同，只有局部改动，交易时间相近时，可用同样方法计算。

（2）类比调整市价法

1）影响因素。类比调整市价法对参照车辆的条件要求不太严，只要求参照车辆与被评估车大体相同即可。它主要是对被评估二手车和参照车辆之间的差异进行分析、比较，并进行适当量化，然后调整为可比的因素。两者的主要差异一般体现在以下几点：

①结构性能的差异。车辆结构配置会对车辆的成交单价产生影响。比如，同类型的手动变速器车和自动变速器车，由于结构配置不同，则成交价值也不同。

②销售时间的差异。在选择参照车时，应尽可能地选择在接近评估基准日成交的案例，以免去由于销售时间的不同而引起的价值差异。若参照车的交易时间在评估基准日之前时，可采用价值指数法进行调整。

③新旧程度的差异。在评估过程中，往往被评估车辆与参照车在新旧程度上不能完全一致，这时评估人员应对参照车和被评估车辆的新旧程度进行量化，即先算出参照车和被评估车辆成新率，然后再计算出两种车的新旧差异量，公式如下：

差异量 = 参照车价值 ×（被评估车辆成新率 − 参照车成新率）

④ 销售数量的差异。销售数量大小会对车辆的成交单价产生影响。当被评估车辆是成批交易时，其参照车辆不应是单车，也应以成批车交易作为参照车；当被评估车辆是单车交易时，其参照车辆不应是成批交易车，也应以单车交易作为参照车；若没有对应的参照车时，评估人员应进行差异分析并适当调整，才能准确评估二手车价值。

⑤ 付款方式的差异。对付款方式差异的调整，被评估车辆通常是以一次性付款方式为假定前提，若参照车辆采用分期付款方式，则可按当期银行利率将各期分期付款额折现累加，即可得到分期付款总额。

2）计算公式。将以上各种差异进行调整并量化，以适当的方式加以汇总，来确定被评估车的评估价值

$$P_1 = P_2 \pm \sum K$$

式中　P_1——被评估车的评估价值（元）；

　　　P_2——参照车辆的交易价值（元）；

　　　$\sum K$——各种差异调整量化值（元）。

五、现行市价评估实例

在对某辆二手车进行评估时，评估人员选择了三个近期成交的与被评估二手车类别和结构基本相同，技术经济参数相近的车辆作为参照车辆。参照车辆与被评估二手车的一些具体技术经济参数见表6-9。

表6-9　参照车辆与被评估二手车的一些具体技术经济参数

序号	技术经济参数	参照车辆A	参照车辆B	参照车辆C	被评估二手车
1	车辆交易价格/元	50000	65000	40000	待定
2	销售条件	公开市场	公开市场	公开市场	公开市场
3	交易时间	6个月前	2个月前	10个月前	—
4	已使用年限/年	5	5	6	5
5	尚可使用年限/年	5	5	4	5
6	成新率/%	60	75	55	70
7	年平均维修费用/元	20000	18000	25000	20000
8	百公里耗油/L	25	22	28	24

评估步骤如下：

（1）对被评估二手车与参照车辆之间的差异进行比较和量化

1）销售时间的差异。根据搜集到的资料表明，在评估之前到评估基准日之间的1年内，物价指数每月上升0.5%左右。各参照车辆与被评估二手车由于时间差异所产生的差额为

① 被评估二手车与参照车辆A相比较晚6个月，价格指数上升3%，其差额为

50000元 × 3% = 1500元

② 被评估二手车与参照车辆 B 相比较晚 2 个月，价格指数上升 1%，其差额为

$$65000 元 \times 1\% = 650 元$$

③ 被评估二手车与参照车辆 C 相比较晚 10 个月，价格指数上升 5%，其差额为

$$40000 元 \times 5\% = 2000 元$$

2）车辆性能的差异。

① 各参照车辆与被评估二手车每年由于燃油消耗的差异所产生的差额，按每日运行 150km、平均出车 250 天，燃油价格按 7 元 /L 计算。

参照车辆 A 每年比被评估二手车多消耗燃料的费用为

$$（25 - 24）\times 7 \times 150/100 \times 250 元 = 2625 元$$

参照车辆 B 每年比被评估二手车少消耗燃料的费用为

$$（24 - 22）\times 7 \times 150/100 \times 250 元 = 5250 元$$

参照车辆 C 每年比被评估二手车多消耗燃料的费用为

$$（28 - 24）\times 7 \times 150/100 \times 250 元 = 10500 元$$

② 各参照车辆与被评估二手车每年由于维修费用的差异所产生的差额。

参照车辆 A 与被评估二手车每年维修费用的差额为

$$（20000 - 20000）元 = 0 元$$

参照车辆 B 与被评估二手车每年维修费用的差额为

$$（20000 - 18000）元 = 2000 元$$

参照车辆 C 与被评估二手车每年维修费用的差额为

$$（25000 - 20000）元 = 5000 元$$

③ 各参照车辆与被评估二手车每年由于运行成本的差异所产生的差额。

参照车辆 A 比被评估二手车每年多花费的运行成本为

$$（2625 + 0）元 = 2625 元$$

参照车辆 B 比被评估二手车每年少花费的运行成本为

$$（5250 + 2000）元 = 7250 元$$

参照车辆 C 比被评估二手车每年多花费的运行成本为

$$（10500 + 5000）元 = 15500 元$$

④ 适用的折现率为 20%，则在剩余的使用年限内，各参照车辆比被评估二手车多（或少）花费的运行成本计算如下：

参照车辆 A 比被评估二手车多花费的运行成本折现累加为

$$2625 \times \frac{(1+20\%)^5 - 1}{20\% \times (1+20\%)^5} 元 \approx 7850 元$$

参照车辆 B 比被评估二手车多花费的运行成本折现累加为

$$7250 \times \frac{(1+20\%)^5 - 1}{20\% \times (1+20\%)^5} 元 \approx 21682 元$$

参照车辆 C 比被评估二手车多花费的运行成本折现累加为

$$15500 \times \frac{(1+20\%)^4 - 1}{20\% \times (1+20\%)^4} 元 \approx 40125 元$$

3）成新率的差异。

参照车辆 A 与被评估二手车由于成新率的差异所产生的差额为

$$50000 \times (70\% - 60\%) 元 = 5000 元$$

参照车辆 B 与被评估二手车由于成新率的差异所产生的差额为

$$65000 \times (70\% - 75\%) 元 = -3250 元$$

参照车辆 C 与被评估二手车由于成新率的差异所产生的差额为

$$40000 \times (70\% - 55\%) 元 = 6000 元$$

（2）根据被评估二手车与参照车辆之间差异的量化结果，确定车辆的评估值

① 初步确定被评估二手车的评估值。

与参照车辆 A 相比分析调整差额，初步评估的结果为

$$车辆评估值 = (50000 + 1500 + 7850 + 5000) 元 = 64350 元$$

与参照车辆 B 相比分析调整差额，初步评估的结果为

$$车辆评估值 = (65000 + 650 - 21682 - 3250) 元 = 40718 元$$

与参照车辆 C 相比分析调整差额，初步评估的结果为

$$车辆评估值 = (40000 + 2000 + 40125 - 6000) 元 = 76125 元$$

② 综合定性分析，确定被评估二手车的评估值。

从上述初步估算的结果可知，按三个不同的参照车辆进行比较测算，初步评估的结果最多相差 11775 元 [（76125 - 64350）元 = 11775 元]。其主要原因是三个参照车辆的成新率不同（参照车辆 A 为 60%、参照车辆 B 为 75%、参照车辆 C 为 55%）。另外，在选取有关的技术经济参数时也可能存在误差。为减少误差，结合考虑被评估二手车与参照车辆的相似程度，决定采用加权平均法确定评估值。参照车辆 B 的交易时间离评估基准日较接近（仅隔 2 个月），且已使用年限和尚可使用年限成新率等都与被评估二手车最相近，由于它的相似程度比参照车辆 A、C 更大，故决定取参照车辆 B 的加权系数为 60%；参照车辆 A 的交易时间、已使用年限、尚可使用年限和成新率等比参照车辆 C 的相似程度更大，故决定取参照车辆 A 的加权系数为 30%，取参照车辆 C 的加权系数为 10%。加权平均后，被评估二手车的评估值为

$$车辆评估值 = (40718 \times 60\% + 76125 \times 30\% + 64350 \times 10\%) 元 \approx 53703 元$$

第七章 教您二手车网络交易

第一节 典型二手车网络交易商家

如图 7-1 所示,常见的网络二手车交易平台有瓜子二手车、优信二手车、人人车、二手车之家、淘车 TAOCHE。这里以瓜子二手车为例进行网络二手车交易平台说明。

图 7-1 常见网络二手车交易平台

一、瓜子二手车

1. 情况简介

瓜子二手车(图 7-2),成立于 2015 年 9 月,致力于用创新重塑二手车产业,为用户创造更大的价值(图 7-3)。瓜子二手车秉持二手车直卖模式,为用户提供二手车检测定价、居间服务、汽车金融、售后保障、维修保养等一站式服务。

图 7-2　瓜子二手车 LOGO

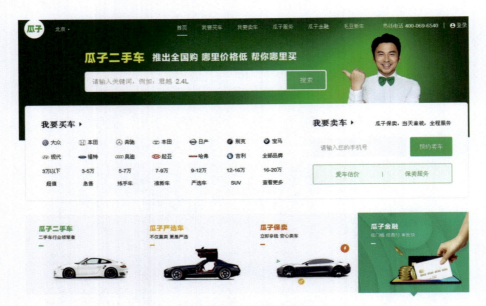

图 7-3　瓜子二手车官网

作为行业领军者，瓜子二手车始终坚持"没有中间商赚差价"的直卖模式，基于大数据与人工智能能力，在国内率先实现了二手车非标品的标准定价——瓜子价，该定价将逐步成为中国消费者买卖二手车的重要依据。在强大"技术基因"的助力下，瓜子二手车正在推动二手车车况与车价的透明化，对于行业的高速发展起到了革命性的作用。

2017 年 3 月，在上门直卖服务之外，瓜子二手车推出了新零售业务——瓜子二手车直卖店（图 7-4），构建线上线下高度融合的一站式新消费场景。营业面积高达数万平方米的超大型瓜子二手车直卖店为卖家提供实车寄售，买家一次多看、一站购车的综合服务，在技术能力的助力下持续推动服务效率与用户体验的优化升级。瓜子二手车直卖店将成为用户线下二手车消费的城市地标，将实现二手车服务超越国际水平。

2. 服务范围体系

覆盖全国 30 个省份，通过卫星城策略服务能力覆盖 200 多个城市（图 7-5），金融覆盖城市超 150 个，城市扩张增速持续保持行业第一。

第七章　教您二手车网络交易

图 7-4　瓜子二手车直卖店

瓜子二手车以交易为核心，已经完成了汽车后市场的主流服务衔接，包括上门评估、交易撮合、陪同过户、售后保障、汽车金融、汽车保险、道路救援、维修保养、新车售卖等 9 大服务体系。

图 7-5　瓜子二手车全国购

3. 服务特色

瓜子二手车在直卖业务领域上专注于二手车和汽车后服务市场，瓜子二手车专注于推动国内个人二手车市场发展，瓜子二手车是直接面向二手车买家、卖家的交易服务平台，省去了中间环节（中介、车商等），以互联网连接买家到卖家，给买卖双方更多利益空间。瓜子二手车代言人除孙红雷（图 7-6）以外，新增代言人雷佳音。瓜子二手车精选 8 年 15 万 km 以内的个人二手车，保证最佳车况；专业检测团队，严格检测，不放过每一个细节；省去中间环节，无车商加价，无交易差价；评估师全程陪同交易，专人代办过户，极致省心；不满意开回来退，享受新车般超长质保，彻底后顾无忧。

二、优信二手车

1. 优信集团

优信集团是专业的二手车在线交易服务提供商。它的核心业务涵盖了二手车网络交易、二手车电商零售平台,以及二手车金融衍生服务。优信集团致力于为中国二手车行业的发展做出贡献,利用互联网及移动互联网技术,推动和建立中国未来二手车市场的诚信与高效。

2. 优信二手车

优信集团旗下"优信二手车"(图7-7),是专业提供二手车零售的电商平台。利用互联网与移动互联网技术,以及企业在二手车行业多年来的专业经验积累,增加二手车交易在消费者心中的透明度,为消费者提供在二手车购买的整个环节中相关的咨询、购买及售后等服务。优信二手车的代言人除了莱昂纳多(图7-8)外,还有杜海涛、何润东、王宝强等11人。

图7-6 瓜子二手车品牌代言

图7-7 优信二手车LOGO

图7-8 优信二手车品牌代言

3. 主要业务

作为二手车行业骨干的优信二手车（图 7-9），在全国有 183 个城市实现盈利，整体交易额保持同比 200% 的速度增长，是国内首家实现盈利的二手车电商。面对消费者，优信推出了当下行业内的服务保障标准——优信认证服务，提供 30 天包退，1 年或 2 万 km 保修的质保服务，保障消费者在购车和用车过程中的权益。截至 2017 年，优信在整个 B2C 模式中的二手车市场份额达到了 81.7%。

图 7-9　优信二手车官网

4. 产品服务

优信二手车以全方位的服务吸引了广大经销商和消费者的关注与使用。

1）车源全、信息真实。优信二手车在全国收集了大量车源，满足消费者的充分选择，使经销商接触到潜在消费者，利用互联网的优势，解决时间、空间上的限制。

优信凭借获得多项国家专利的车况检测设备"查客"（Check Auto）设备，保证了上线的每一辆车的信息都透明、真实。

2）售后无忧承诺。优信二手车与消费者签署"无重大事故承诺书"，优信为通过优信平台成交的车辆提供 158 项全面检测，确保车辆无火烧、水淹及重大事故。如消费者在 30 天内发现车辆存在重大事故损伤，优信二手车将退还全额车款。

3）"付一半"/"付一小半"购车方案。优信为消费者打造的全新购车方案，首付一半、一小半，甚至更低，使消费者能够以"低首付"开走车辆。消费者可选择两年期/三年期，有月供/无月供，有尾款/无尾款等多款购车方案，优信"付一半"系列产品服务以申请门槛低、审批速度快等特点，备受市场好评。

4）"二手车一成购"购车方案。国内二手车电商平台首推二手车一成购产品，也宣告汽车消费首付进入 5000 元以下时代。

三、人人车

人人车（图 7-10）成立于 2014 年 4 月，率先以 C2C 模式进入二手车市场，并首推二手车严选商城，现已发展成为集二手车交易、金融服务、滴滴运力生态、售后等为一体的综合型汽车交易服务平台，致力于为用户创造透明、高效、省心的汽车交易及服务体验，已发展成国内头部二手车电商平台。

图 7-10　人人车 LOGO

二手车交易方面，人人车（图 7-11）为广大车主提供上门估值检测、代卖、置换等服务。为了严格把控在售车源质量，人人车通过自建专业评估师团队、设立 249 项检测标准和双重检测机制，并同中国汽车流通协会达成合作，成为二手车检测国家级标准——"行"认证的业内首家战略合作伙伴，层层保障只为放心车况。同时，人人车提供 14 天可退车、一年/2 万 km 核心部件质保、两亿元保障金等一系列售后保障，引领行业变革。目前，人人车日均上架车源过万辆。

图 7-11　人人车官网

为践行"让人们放心买车、卖车、用车"的企业使命,让用户获得更加优质、完善的二手车交易服务,人人车(图 7-12)率先推出二手车严选商城。作为国内首个二手车电商严选品牌,严选商城采用专家选品模式,从海量好车中精选最优质车源,在线上线下集中展示售卖,打造线上线下一体的二手车交易闭环,为用户提供"闭着眼买好车"的二手车新零售体验。买家可一次性集中挑选优质车源,车辆符合标准的卖家也可提前获得预付车款,极大提升了买卖双方的二手车交易效率和体验。

图 7-12　人人车的代言人

四、二手车之家

二手车之家隶属于北京盛拓鸿远信息技术有限公司,组建于 2010 年 10 月,提供全国海量二手车出售、转让信息。二手车之家前身为隶属于汽车之家的二手车频道(图 7-13)。

二手车之家为二手车买卖双方提供车辆登记、求购信息发布、网上交流对比、市场资讯、行业趋势信息分享等服务,同时整合二手车交易市场、经纪公司等行业资源,为商家和个人提供准确、及时的交易信息服务。

二手车之家的服务贯穿二手车交易各个环节,运用成熟的互联网技术,以海量、真实的二手车信息为基础,坚持诚信、公正的准则,通过政策解析、价格评估、担保、置换和保险等服务,建立专业、严谨、使用便捷的交易体系,推动中国二手车行业的良性发展。

1. 网站原则

二手车之家秉承"消费者利益至上"的原则,为广大用户提供一个庞大、真实、有效的车源展示平台,后续还将整合用户最为关注和需要的价格评估、信用担保、汽车保险等多项线下业务,全面解决用户在买卖二手车环节中可能存在的问题,为用户提供全方位的服务。二手车之家的价值观是:

1）把消费者的利益放在首位；
2）做正确的事，不做容易的事；
3）先把60分的事做到100分；
4）相信自己，相信伙伴。

图7-13 二手车之家官网

2. 核心优势

1）专业的车辆信息审核团队，严格审核每条车源信息，最大限度上确保车辆信息的真实、合法性。
2）精准的车源搜索及推荐功能，帮用户快速找到合适的二手车辆信息。
3）与多个品牌厂商合作，直接向用户提供一手的、有质量保证的二手车辆信息。
4）海量二手车数据为用户提供买卖二手车的参考价格，以便用户更了解市场行情，更快买、卖爱车。

五、淘车 TAOCHE

淘车（图7-14）是由腾讯、京东等行业重量级企业共同投资，提供二手车交易、金融产品、租赁、保险、保养、轻维修、延保等一站式综合服务，实现线上浏览下单，线下实地体验，旨在为中国二手车消费者提供高效、专业、透明、放心的一站式二手车交易服务平台。

淘车从用户体验出发，打通各消费环节的难点，全面整合行业资源，从而为用户带来更省心的服务体验。同时，通过线下淘车体验店提供的全方位落地服务，全面打造便捷、安全的线上、线下交易闭环。目前，淘车的核心业务分为B2C、车源和体验店三大板块，可以满足用户购车全生命周期的完整需求。

图 7-14　淘车官网

1. B2C

致力于打造"淘车"品牌以及高质量二手车售卖服务，为广大消费者提供涵盖选车、检验、购车、金融在内的全程陪同服务。为用户提供近百万有质量保障的放心车源。拥有雄厚的资金实力去撬动更多资源，而资源在这一行业即意味着获客能力。同时，淘车全面赋能车商，提供线索及资金支持，实现B端到C端的立体服务及高效的网络营销方案。

2. 车源

淘车通过高效便捷的卖方服务体验，提高公司二手车市场车源交易占比；建立公司资源车处置渠道，实现公司回收车源二次盈利；为门店业务、二手车商提供优质的车源解决方案；为个人卖家提供高效的车源处置方案；结合B2C业务线以车源和个人买家为切入点，形成二手车商服务的交易闭环，增加车商黏性，提高行业知名度，打造全国性的拍卖平台。

3. 淘车体验店

以大规模卖场的线下品牌连锁零售店面为主业展示形式，融合线上、线下交易场景，打造二手车零售连锁超市体系；以二手车新零售为战略目标，集二手车采购、整备、摆展、销售、增值服务、售后为一体的线下综合零售场景，为客户带来全新的二手车销售和服务体验，同时也为集团金融业务提供了自有体系的高黏性展示场景。

六、其他二手车交易网站

1. 大搜车

大搜车（图7-15）由姚军红先生于2012年12月创立，是汽车新零售和新金融平台，先后获得阿里巴巴集团、蚂蚁金服、晨兴资本、华平投资、春华资本等机构超过12亿美元的融资。2017年12月，大搜车进入由硅谷全球数据研究机构Pitch Book评选的"2017年全球新晋独角兽"名单。

图7-15 大搜车官网

大搜车以推动汽车产业数字文明为使命，以建成年交易额超过2万亿元的汽车产业互联网平台为愿景，将"以奋斗者为本"，以及"利他""协作""创新"，作为企业核心价值观。

自创立以来，大搜车始终致力于推动汽车产业数字文明进程，通过链接、赋能和服务产业链上下游，全力打造汽车交易及流通生态，携手产业各方共同为消费者提供买车、卖车、用车服务。

大搜车已经搭建起比较完整的汽车产业互联网协同生态。在这一生态中，不仅涵盖了大搜车已经数字化的二手车商、4S店和新车二网，还包括大搜车旗下车易拍、车行168、运车管家、布雷克索等产业链服务能力的品牌。具体分工合作包括：新车二网SaaS产品"卖车管家"，汽车经销商ERP系统提供商"布雷克索""金蝶汽车网络"，以及汽车供应链仓储物流综合服务商"运车管家"等。

如图7-16所示，大搜车推出了"大风车业务管理系统"、"车牛二手车经营APP""弹个车""车行168"等产品，为汽车经销商提供软件、金融、交易及营销等服务。

第七章　教您二手车网络交易

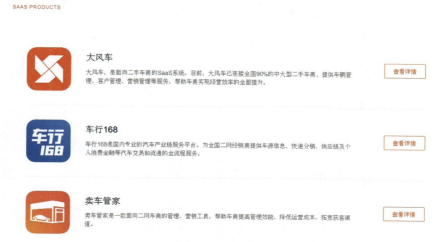

图 7-16　大搜车相关业务范围

2. 车王

如图 7-17 所示，车王认证二手车超市（CARKING）隶属于车王（中国）二手车经营有限公司，总投资规模超过 10 亿元人民币。车王立足于创造诚信而令人喜悦的二手车服务平台，实施品牌化战略管理，以"更多放心、更多选择"为服务宗旨，以产品标准化、管理流程化、发展规模化为企业经营理念，真正实现了认证车辆全程质量控制体系，为全国的消费者提供性价比极高、品质有保障的专业二手车产品及相关服务，成为引领汽车生活新时尚的创新者和改革者。

图 7-17　车王二手车官网

195

3. 51汽车

51汽车（图7-18）是一个面向全国的专业二手车信息平台，在地域上覆盖了中国的华东、华北、华南和西南地区；在渠道上，以网络、杂志和热线形成了一个整合的信息发布渠道；在理念上秉承为了解决消费者"我要汽车"的目标，帮助消费者最快获得所需的真实信息和咨询。

51汽车将围绕着"我要汽车"的理念，以二手车为中心继续向后汽车产业链延伸，在零配件、价格评估和汽车金融领域，为消费者提供增值服务，成为二手车领域的权威。

图7-18 51汽车官网

第二节 瓜子二手车相关流程

一、瓜子二手车的购车及相关准备

瓜子二手车可以在电脑平台和手机平台上通过手机验证码的方式来进行各项业务的了解，以及二手车的买卖、汽车金融方面的业务。

1. 购车流程

第一步：线上选车

在瓜子二手车APP或者网站内，通过"品牌""价格""配置"等条件，筛选您想要的车源，依靠车价、车况、车辆档案等信息，挑选到您的意向车型。线上选车的更多细节可咨询销售顾问获取。

（1）线上预约看车 有意向车源后，您可以直接在车源信息页面点击"预约顾问"约定看车时间，会有销售顾问联系您看车。

（2）线上意向金购车　抢手车源预计很快被售出，您可以先在线支付意向金预留车源（预留48h、不满意随时退、抵扣购车费），再与销售顾问约定时间看车。

第二步：了解车况

顾问与您见面详谈车辆信息，以及购车流程，顾问会准备多辆"同系车""相似车"，便于对比参考。本地车辆对车辆进行实地查看，外地车辆专人上门讲解带看。

第三步：意向定车

您对车辆满意确认购车，签署完购车委托协议后，支付款项后，完成下单定车流程。金融意向客户需通过金融初审，批复最高贷款额和最低首付比例。

（1）签署购车委托协议　您通过销售顾问约卖家沟通，明确交易意向后，顾问将与您明确个人信息、付款方式等资料准备合同，您在瓜子APP内线上签署购车委托协议，支付意向金，形成法律约束。

（2）付款定车　车价和服务费确定后，签署完成购车委托协议后，顾问会根据您选择的付款方式计算支付金额，您交付款项后，瓜子为您锁定爱车。

2. 购车相关资料准备

（1）金融购车准备资料

需要携带证件：身份证、银行卡、驾驶证。

提供资料：基础信息、工作信息、流水信息。

付款定车时，支付金额包含的费用

全款购车：购车服务费＋车务费（二次过户才支付）＋物流费（运输才支付），与（10%～30%）×成交价；两者取最大值支付

金融－标贷购车：首期款＋购车服务费＋车务费（二次过户才支付）＋物流费（运输才支付）

金融－全融购车：首期款（其他费用已融入月供）

（2）过户准备资料

1）身份证。原件/代理人身份证原件、外地户籍：身份证原件＋居住证原件。

2）购车指标。限购城市需要提供，如北京需带《北京市个人小客车配置指标确认通知书》。

3）公户购买。除上述外，还需提供以下资料：

①《公司社会信用代码证副本》原件。

②《组织机构代码证/营业执照/税务登记证》三证合一原件。

二、买车流程

1. 车源筛选

如图7-19所示，瓜子二手车网站提供数以万计的各型、各类二手车，供全国各地的二手车需要者进行选择，但买车意向者根据各种条件进行筛选后，往往仅能够得到数量有限的二手车车源（图7-20）。如果筛选中没有符合条件的车源，还可以输入条件进行车源一键订阅（图7-21）。

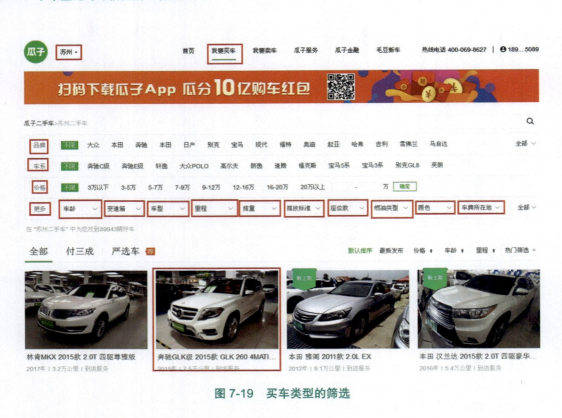

图 7-19　买车类型的筛选

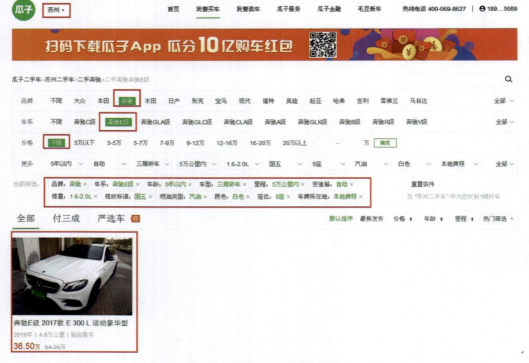

图 7-20　限定各类条件的筛选

图 7-21　没有符合条件的可以一键订阅

2. 合格车源情况

选中合格车源，点击进入可以看到车源的相关信息（图 7-22）。可以进一步点击查看相关的检测信息，该车型有多达 259 项专业检测（图 7-23），具体的车况信息还可以咨询高级车辆评估师。通过本页面还可以查看该车辆的基本参数、发动机参数、安全配置、外部配置，以及内部配置等相关参数（图 7-24），同时附有该车型各个方位、各个部位、各个细节的高清图片可供购车意向者参考。同时，可进行重大事故检测、泡水火烧检测、调表排查检测、底盘检测、轻微碰撞检测、易损耗部件的检测，以及常用功能检测等几百项专项检测的复检报告（图 7-25），可谓细致入微。此外，为了直观明了，还给出了外观、内饰检测的相关缺陷部位的位置（图 7-26），可供有意向购车者实地查勘确认相关部位的情况。

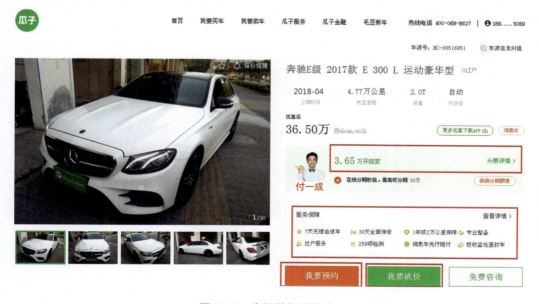

图 7-22　车源的相关信息

图 7-23　相关的检测信息

基本参数		发动机参数		底盘及制动	
厂商	北京奔驰	排量(L)	2.0	驱动方式	前置后驱
级别	中大型车	进气形式	涡轮增压	助力类型	电动助力
发动机	2.0T/245马力/L4	气缸数	4缸	前悬挂类型	多连杆独立悬架
变速箱	9挡手自一体	最大马力(Ps)	245	后悬挂类型	多连杆独立悬架
车身结构	4门5座三厢车	最大扭矩(N·m)	370	前制动类型	通风盘式
长/宽/高(mm)	5065/1860/1467	燃料类型	汽油	后制动类型	通风盘式
轴距(mm)	3079	燃油标号	95号	驻车制动类型	电子驻车
行李箱容积(L)	-	供油方式	直喷	前轮胎规格	245/45 R18
整备质量(kg)	-	排放标准	欧5	后轮胎规格	245/45 R18

安全配置		外部配置		内部配置	
主/副驾驶安全气囊	标配/标配	电动天窗	标配	多功能方向盘	标配

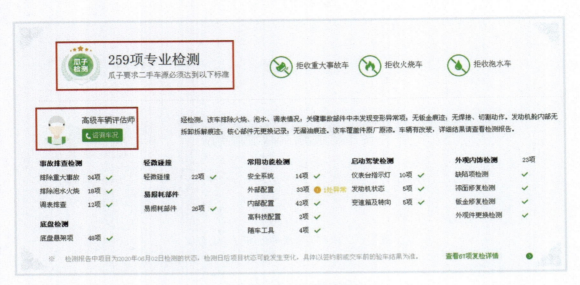

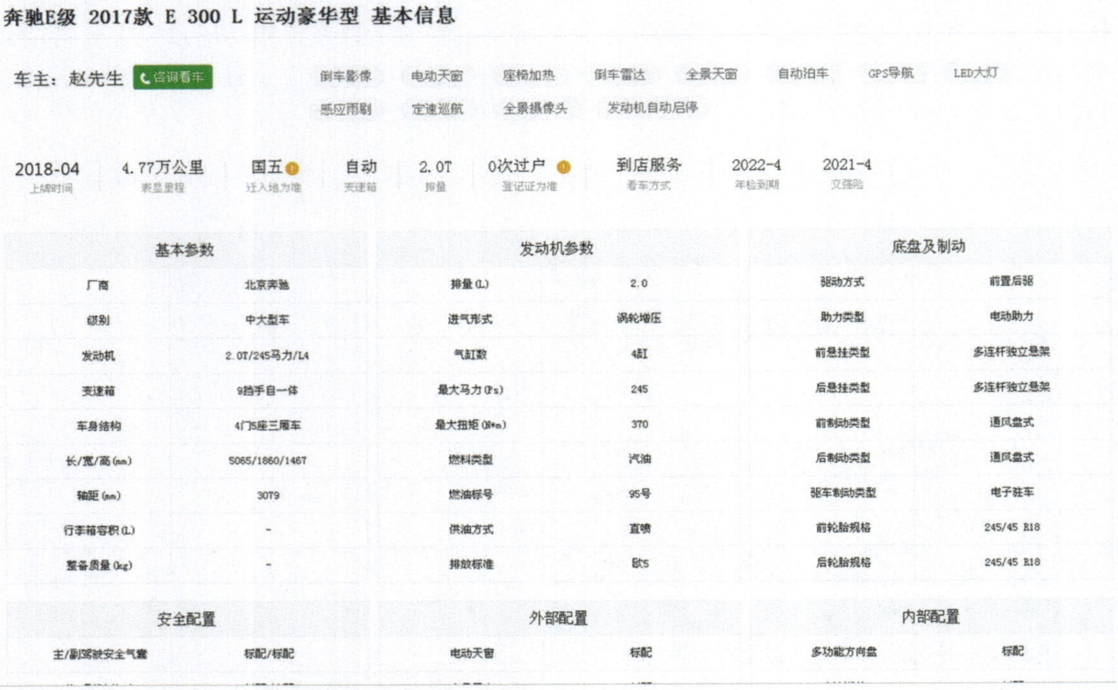

图 7-24　车辆参数信息

第七章　教您二手车网络交易

图 7-25　车辆复检报告

图 7-26　外观、内饰检测的相关缺陷部位

三、卖车流程

瓜子二手车作为买卖双方的一个交易平台，是为买卖双方的自由公平交易而搭建的。

201

如有意向的话，可以将自己的爱车进行相关估价（图7-27），以及转入高价卖车等相关业务。输入相关信息后可以大致得到一个相关的估价范围（图7-28），以便车主对自己爱车的售价范围有一个较明确的认识，做到心中有数。

图7-27 输入相关信息估价

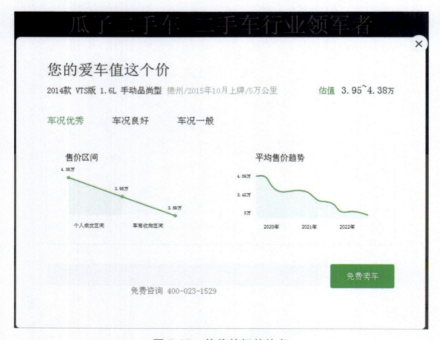

图7-28 估价的相关信息

瓜子二手车还推出保卖业务，确保卖方当天拿钱，最低可拿到50%的交易额，过户后可拿到剩余款项。面向全国买家锁定最优价格，有专人帮您卖车，让您省心。二手车的保卖流程如图7-29所示。有关保卖的一些具体问题说明如下：

图7-29　二手车保卖流程

1. "瓜子保卖"的具体模式

瓜子保卖是瓜子针对符合保卖标准的车辆提供的实车寄售服务模式。您的车辆通过瓜子检测师检测，并确认符合瓜子保卖标准后，可与瓜子确定保卖价款及保卖服务等相关事宜，并签署《保卖服务协议》。如车辆最终成交价高于保卖价，高出部分归您所有。

2. 保卖车和非保卖车相比的优势

未参与保卖的车辆需要您全程陪同买家看车，每次看车时间为1～3h，因此您需要花费不少的时间和精力在陪同看车上。参与保卖之后，瓜子将提供全程专业托管服务，不仅能够快速卖车，尽快获得大额款项，还能免除在陪同看车的过程中耗费时间与精力。

3. "瓜子保卖车"的价格确定

瓜子保卖车的价格是瓜子二手车平台基于整个二手车行业和自身真实交易数据，凭借多年累积的近800万车辆信息和超3亿车主及潜在买家的数据库，将大数据和智能算法结合实时市场行情与实际车况，定制的公开、透明、公允的精准价格。

4. 车辆交给瓜子后如果发生碰撞问题

车辆由专业远程代驾运输至瓜子保卖店或者保卖车场，代驾全程有保险保障，如果在路程中发生碰撞，将按照合同上的保卖价格支付车款。您的爱车存放在瓜子保卖店或保卖场地享有专业看护，以保障安全。因此您不需要担心车辆交给瓜子之后发生受损的情况。

5. 把车放在保卖车场怎样保证安全

目前为止，全国上百个城市已开通保卖服务。瓜子提供专业的车辆和证件资料保管服务，每天专人盘查看管，且已投保保险以保证车辆安全。您也可以亲自前往附近的瓜子保卖店或保卖车场，确保您的爱车放在专属场地是绝对安全的。

四、瓜子金融

瓜子金融精选几十款金融方案，在二手车货款方面最快可以30min审批完成，针对每辆车进行方案定制，高审批通过率。瓜子金融分期流程如图7-30所示，目前支持的银行见图7-31，瓜子金融目前仅支持在瓜子平台购车贷款，不支持现金贷等其他金融产品。

30秒申请
需要分期购车，
提交基本信息即可申请

预约看车
在线挑选爱车，线下
售车顾问一对一全程陪同讲解

极速审批
资料提交后立即审批，免流水、免家访，最快30分钟出结果

放款提车
瓜子助您完成车辆过户、抵押等手续后，当天放款

图 7-30　瓜子金融分期流程

图 7-31　瓜子金融合作银行

五、售后保证

1. 7天无理由退车
当您在瓜子平台购车后，满足7天无理由退车适用条件的，均可在7天内申请退车。

2. 重大问题退车
如检测发现车辆属于严重结构性损伤、火烧、命案、水浸车辆，且交易在服务保障期内，瓜子将提供退车、退费服务。

3. 30天全面保修
瓜子为您提供30天全面保修服务，保障范围包含瓜子车辆检测报告中涉及的常见功能和影响车辆行驶性能的部件。具体部件明细参见合同附件《30天车况保修服务范围》。

4. 1年或2万km售后基础保障
瓜子平台为了保障您的用车安全，同时还为你提供1年或者2万km，两大系统的售后基础保障服务，该项服务在"30天全面保修"服务结束后生效。

5. 调表车先行垫付
通过瓜子购买到调表车，且您同意授权瓜子向责任人进行维权索赔的，瓜子将退还用户服务费，并先行垫付您由调表因素造成的车辆价差损失，垫付后瓜子将依您的授权向卖方主张民事责任。

六、瓜子二手车购车问答

1. 如何在瓜子买车？
1）拨打看车电话400-069-8627或在线预约登记。

2）由瓜子二手车购车顾问陪您上门看车。
3）看车满意，签署二手车买卖合同及居间服务合同。
4）瓜子协助过户，支付款项完成交易，好车开回家。

2. 保险怎么办？

方案 1：保险过户：车辆在车管所完成过户后，新车主带着本人证件和原车主身份证，到原保险公司办理过户。

方案 2：申请退保（交强险无法退保）：原车主只缴纳从投保开始到退保期间的保费，其他的保费保险公司会相应退还。之后，新车主就可到任何一家保险公司重新办理车险。

3. 车辆怎么过户？

车辆过户需关注车辆是否符合上牌地的迁入标准，具体的过户流程在买车过程中瓜子平台提供过户服务。瓜子二手车可以提供车辆外迁查询。

4. 选择瓜子二手车购车原因

1）靠谱车况：专业检测师团队，259 项检测，拒收重大事故车、火烧车、水浸车，全程服务。
2）轻松买车：专业购车顾问陪您看车，协助过户，买车放心不被蒙。
3）售后保障：为你的爱车保驾护航。

5. 瓜子二手车可否分期

如图 7-32 所示，如该车符合瓜子金融分期要求，推荐首期款 1.99 万元，月付 7437 元。当我们打算进行分期付款时，可点击进入查看分期详情，输入手机号获取验证码。10s 极速获取额度（图 7-33），最高可得 50 万元，当然这得根据个人的信用情况。为保证交易安全，在付款前进行交易安全方面的重要提示（图 7-34）。

图 7-32　分期额度的测试

图 7-33　贷款额度的获得

图 7-34　瓜子二手车关于交易安全方面的提示

6. 车况真实保障

瓜子上架车辆均是经过259项专业检测，交车前还会进行深度复检的，确保车况信息完全披露给买家。